Daniel Amadeus Krauter
Zinsentwicklung und Immobilieninvestitionsvolumen

Die vorliegende Arbeit wurde im Frühjahr 2017 vom Prüfungsausschuss für M.Sc.Volkswirtschaftslehre der Albert-Ludwigs-Universität Freiburg im Breisgau als Masterarbeit angenommen.

Daniel Amadeus Krauter

Zinsentwicklung und Immobilieninvestitionsvolumen

Eine empirische und theoretische Risikoanalyse
des deutschen Immobilienmarktes
auf regionale Preisblasen

mykum Verlag

Bibliografische Information der Deutschen Nationalbibliothek:

Die Deutsche Nationalbibliothek verzeichnet diese Publikation in der Deutschen Nationalbibliografie; detaillierte bibliografische Daten sind im Internet über http://dnb.dnb.de abrufbar.

Auf der Bornau 29
56321 Brey

Druck und Vertrieb (print on demand):

Books on Demand GmbH (BoD)
In de Tarpen 42
22848 Norderstedt

Printed in Germany

2., verbesserte Aufl.

ISBN 978-3-9822658-2-7

Inhaltsverzeichnis

Abkürzungsverzeichnis

BIP	Bruttoinlandsprodukt
ETW	Eigentumswohnung
EWU	Europäische Währungsunion
EZB	Europäische Zentralbank
MFI	Monetäre Finanzinstitute
PAngV	Preisangabenverordnung
PIR	Price Income Ratio
PRR	Price Rent Ratio
RDL	Rational distributed lag model
SNK	Selbstnutzerkosten
ZIA	Zentraler Immobilienausschuss e.V.

Abbildungsverzeichnis

Tabellenverzeichnis

1. Einleitung

Durch die langanhaltende Niedrigzinspolitik der Europäischen Zentralbank (EZB) wird darüber diskutiert, welche Folgen diese Politik auf das Immobilieninvestitionsvolumen in Deutschland hat. Durch niedrige Zinsen und einer freizügigen Kreditvergabe wird der Spekulationsanreiz der Marktteilnehmer gesteigert. Nach Stiglitz (1990) können auf diese Weise „Preisblasen" auf den Vermögensmärkten entstehen, sodass der Preis von den fundamentalen Faktoren erheblich abweichen kann: „ If the reason that price is high today is only because investors believe that the selling price will be high tomorrow – when "fundamental" factors do not seem to justify such a price – then a bubble exists."[1] Das rationale Anlageverhalten der Marktteilnehmer rückt dabei in den Hintergrund und die Wertentwicklung einer Immobilie fußt überwiegend auf psychologischen Faktoren. Sollte es zu einer abrupten Preiskorrektur kommen, kann dies in Verbindung mit einer hohen Fremdfinanzierungsquote das systematische Risiko für die globale Finanzstabilität steigern. Daher nimmt der Immobilienmarkt sowohl in der Politik als auch in der Geldpolitik der Zentralbanken einen immer höheren Stellenwert ein und es sollen Instrumente und Richtlinien bezüglich der Wohnimmobilienfinanzierung geschaffen werden. Diese dienen der makroprudenziellen Politik, welche das Ziel der Finanzstabilität verfolgt und sollen so systematische Risiken verringern.[2] Für die Banken selbst ist ein dauerhaftes Beobachten der Preisentwicklung von großem Interesse, da durch das Platzen einer Vermögensblase die Banken aufgrund der Kreditvergabe die Risiken zu einem erheblichen Anteil tragen müssen. Durch eine frühzeitige Signalisierung einer übertriebenen Preisentwicklung können anschließend Gegenmaßnahmen getroffen werden, die das Risiko vermindern und so die Preisentwicklung beeinflussen.[3]

Wie wichtig eine frühzeitige Erkennung einer Preisblasenbildung durch geeignete Indikatoren gewesen wäre, hat die exzessive Immobilienpreisentwicklung in den USA und Spanien bis 2007 und die folgende Bankenkrise ab 2008 gezeigt. Die anschließende Weltwirtschaftskrise wurde durch das Platzen der Immobilienblase in den genannten Ländern begründet.

[1] Vgl. Stieglitz, J. (1990), S.13.
[2] Vgl. Deutsche Bundesbank (2015), S.81ff.
[3] Vgl. Kivedal, K. (2013), S.371.

Um den Leser einen ersten Eindruck über die Finanzierungsmärkte zu verschaffen, wird im Kapitel 2 auf die aktuellen Zahlen des deutschen Hypothekenmarktes eingegangen. Anschließend soll auf die verschiedenen Ausgestaltungmöglichkeiten einschließlich der Wirkungsmechanismen verschiedener Faktoren auf das jeweilige Finanzierungssystem im internationalen Vergleich eingegangen werden. Dies verdeutlicht, dass vor allem die Zinswirkung erheblich von den Richtlinien der Kreditvergabe abhängt. Abschließend werden für Deutschland ein Zinsrückblick und der Verlauf des Hypothekenkreditvolumens dargestellt. Um das konservative Finanzierungssystem und die Reaktion der Marktteilnehmer auf den Niedrigzins in Deutschland zu verdeutlichen, wird zudem der Verlauf der Zinsbindungsfristen seit 2003 dargestellt.

In Kapitel 3 werden mittels einer Regressionsanalyse die Wirkungsmechanismen der verschiedenen Faktoren auf das Hypothekenkreditvolumen der privaten Haushalte gezeigt. Mit Hilfe einer Regressionsgleichung wird anschließend das Hypothekenkreditvolumen bis 2020 unter verschiedenen Szenarien prognostiziert.

In Kapitel 4 wird abschließend eine Kennzahlenanalyse über die Metropolregionen in Deutschland vorgestellt. Es wird die Preisentwicklung seit 2004 diskutiert und es kommt zu einer abschließenden Bewertung hinsichtlich einer Preisblasenbildung der zuletzt starken Wertzuwächse in den Metropolregionen. Des Weiteren werden die Ergebnisse aus Kapitel 3 der Zinswirkung durch den Ansatz der Selbstnutzerkosten (SNK) zum Ausdruck gebracht, sodass ein Teil der Preissteigerungen auf die gesunkenen Zinsen zurückgeführt werden kann. Die abschließende Prognose zeigt, dass nicht in allen Regionen Deutschlands eine Zinsänderung zu einer Preiskorrektur auf dem Immobilienmarkt führt und es erhebliche Unterschiede zwischen den Metropolregionen gibt.

2. Hypothekenmärkte und Finanzierungsstrukturen

Seit den Finanzmarktturbulenzen 2007 ist die Immobilienwirtschaft auch politisch in den Fokus gerückt. Dies zeigen die zuletzt angepassten Wohnimmobilienkreditrichtlinien in Deutschland, in denen vor allem die Kreditwürdigkeitsprüfung des Darlehensnehmers und die Informationspflichten der Kreditinstitute verschärft wurden. So unterliegt der Darlehensnehmer einer verschärften Prüfung seiner bisherigen und zukünftigen Einkommens- und Vermögensverhältnisse, inklusive Schufa-Auskunft, seines aktuellen Ausgabeverhaltens und seiner zu erwartenden beruflichen Entwicklung, welche die Wahrscheinlichkeit einer Nichterfüllung der Verbindlichkeiten verringern sollen. Zudem darf kein Kredit vergeben werden, wenn die Tilgung allein auf einer vorrausichtlichen Wertsteigerung des Grundstücks oder Gebäudes fußt und der Darlehensnehmer Zins- und Tilgungsleistungen nicht aus seinem laufenden Einkommen bedienen kann.[4]

Die Verschärfung der Richtlinien soll der Gefahr einer Immobilienblase frühzeitig entgegenwirken und versucht das Risiko für den Bankensektor zu verringern. Die Reaktion der Politik zeigt, dass der Immobilienpreisanstieg der letzten Jahre ein mögliches Resultat einer fundamental nicht gerechtfertigten Preissteigerung sein kann.

In Kapitel 2.1 wird auf die aktuellen Zahlen des deutschen Hypothekenmarktes eingegangen. Anschließend werden die Strukturen und Unterschiede der möglichen Ausgestaltung des Finanzierungssystems zwischen den Ländern erläutert. Ein Zinsrückblick für die Bundesrepublik und die Reaktion des Kreditvolumens auf die Niedrigzinsphase schließen sich an. Abschließend werden die die Zinsbindungsfristen gemessen am Gesamtvolumen des deutschen Hypothekenmarktes dargestellt.

2.1 Die aktuellen Zahlen des deutschen Hypothekenmarktes

Allein in Deutschland betrug im 3. Quartal 2016 laut statistischen Bundesamt die Bruttowertschöpfung im Grundstücks- und Wohnungswesen 78,4 Mrd. Euro und entspricht somit etwa zehn Prozent der gesamten Bruttowertschöpfung.[5] Der hohe Anteil der Immobilienwirtschaft an der gesamten Wirtschaftsleistung zeigt wie wichtig es ist, einer Fehlentwicklung hinsichtlich der Immobilienpreise frühzeitig entgegenzuwirken.

---

[4] Vgl. Bundesgesetzblatt (2016), S.416f.

[5] Statistisches Bundesamt (2016), S.7.

Da der Kauf einer Immobilie in der Regel auch mit Fremdkapital finanziert wird und der Hypothekenmarkt in den letzten Jahren durch ein Niedrigzinsumfeld geprägt ist, ist es sinnvoll diesen auf Anomalien zu überprüfen. Der Hypothekenmarkt selbst kann, neben den Kennzahlen, als Indikator für eine Risikoanalyse des Immobilienmarktes hinzugezogen werden. Ebenfalls hat der Immobilienmarkt große Bedeutung für die Transmission geldpolitischer Impulse. Die Ausrichtung der Geldpolitik der Zentralbanken wird indirekt über den Transmissionskanal festgelegt. Für den Immobilienmarkt ist dabei der Zins-, Kredit- und Vermögenskanal besonders relevant.[6] Durch einen geldpoltischen Impuls, wie eine Zinsänderung, werden die Opportunitätskosten des Geldes beeinflusst. Die expansive Geldpolitik führt zu einer Zinssenkung und infolgedessen steigt die Attraktivität von Investitionen, da sowohl die Finanzierungs- als auch die Opportunitätskosten in Form von entgangenen Zinsen durch eine alternative Kapitalmarktanlage abnehmen. Dies steigert kurzfristig die Nachfrage nach Immobilien und wirkt preissteigernd, da das relativ unelastische Angebot des Immobilienmarktes kurzfristig nicht reagieren kann. Die Entscheidung der privaten Haushalte wird somit direkt durch eine Zinsänderung der Zentralbanken beeinflusst, da der Erwerb von Wohneigentum im Vergleich zur Miete günstiger wird. Die gestiegenen Immobilienpreise wirken zudem über den Vermögenskanal und steigern das Vermögen von Eigentümern. Dieser positive Vermögenseffekt wirkt sich auch auf den privaten Konsum aus. So führt eine zunehmende Kreditvergabe über den Kreditmultiplikator zu einer Geldmengenexpansion und letztlich zu einem Konjunkturimpuls.[7] Die beschriebenen Umstände zeigen, dass der Transmissionsmechanismus im Immobilienbereich eine wichtige Rolle für die geldpolitische Ausrichtung der Zentralbanken einnimmt.

Wie ausgeprägt der deutsche Hypothekenmarkt ist, zeigt bereits der Anteil der privaten Verschuldung der Haushalte. So sind 71 Prozent aller Schulden auf Wohnungsbaukredite zurückzuführen. Zudem entfielen im ersten Quartal 2016 50 Prozent sämtlicher Bankkredite auf Wohnungsbaukredite. Das Niedrigzinsumfeld kann schließlich dazu führen, dass die Investoren auf der Suche nach angemessenen Renditen Marktrisiken systematisch unterschätzen und höhere Risiken eingehen. Eine fehlerhafte Bewertung der Vermögenspreise kann die Folge sein.[8]

---

[6] Vgl. von Flach Nitsch, A. (2015), S.97f.
[7] Vgl. Jäger, M. und M. Voigtländer (2006), S.5ff.
[8] Vgl. Deutsche Bundesbank (2016a), S.21ff.

Allein das Bestandsvolumen der Wohnungsbaukredite privater Haushalte mit einer Laufzeit von mehr als fünf Jahren beziffert sich für Oktober 2016 auf 1083,119 Mrd. Euro und das gesamte Neugeschäftsvolumen aller Zinsbindungsfristen betrug 17,913 Mrd. und demonstriert somit die Größe der Immobilienwirtschaft.[9]

Kommt es anschließend zu fundamentalen Änderungen, wie einer Zinsänderung, kann es zu einer abrupten Preiskorrektur der Vermögensgüter kommen. Die damit verbundenen Wohlfahrtsverluste können über das vernetzte Bankensystem eine globale Finanzmarktkrise auslösen. Auch in der Wissenschaft wird zunehmend darauf hingewiesen, dass der Hypothekenmarkt einen hohen Erklärungsgehalt über den Immobilienmarkt liefert und als Früherkennung einer falschen Preisentwicklung Hilfestellung leisten kann. Auch Ball (2006) weist darauf hin: „Mortage markets have, therefore, played important parts in simulating house price inflation in Europe [...].“[10] So kann eine exzessive Ausweitung der Kreditvergabe ebenfalls als Warnzeichen einer Blasenbildung gewertet werden.

Nach Rombach (2011) ist die Entwicklung des Zinssatzes für den fundamentalen Wert von Vermögensgütern von zentraler Bedeutung, da diese sehr sensitiv auf einen veränderten Zinssatz reagieren.[11] Die lang anhaltende Niedrigzinsphase hat schließlich nicht nur Immobilien stark verteuert, sondern auch die übrigen Vermögenswerte wie Aktien und Gold weisen in den letzten Jahren einen beachtlichen Wertzuwachs auf.

2.2 Ausgestaltung der verschiedenen Finanzierungssysteme und Zinswirkungen auf den Immobilienpreis

Einige empirische Untersuchungen versuchen den Zusammenhang zwischen der Kreditvergabe und den Immobilienpreisen zu erklären.

Demary (2010) untersucht die empirische Relevanz des Transmissionskanals zwischen dem Immobilienmarkt und den makroökonomischen Variablen Inflation-, Output- und Zinsänderungen. Das Ergebnis seiner Analyse ist, dass ein steigender Zins in allen untersuchten OECD-Ländern, außer Deutschland, einen signifikanten negativen Einfluss auf den Immobilienpreis hat. Mit einer Zinserhöhung verteuert sich die Finanzierung und mindert die Nachfrage nach Immobilien. Der Effekt verstärkt sich dadurch, dass zeitgleich der Output der Volkswirtschaft sinkt

[9] Vgl. Deutsche Bundesbank (2016d), S.44ff.
[10] Vgl. Ball, M. (2006), S.221.
[11] Vgl. Rombach, T. (2011), S.227.

und dies ebenfalls den Immobilienpreis sinken lässt. Insgesamt stellt sich heraus, dass eine Zinserhöhung den Immobilienpreis in einem stärkeren Ausmaß fallen lässt als den Output. Vor allem in den Ländern mit einem variablen Zins, das heißt ohne die Möglichkeit einer langfristigen Fixierung des Zinssatzes, wie es in Japan, UK, USA, Niederlande und Frankreich der Fall ist, reagieren die Häuserpreise stärker auf eine Zinsänderung. So ist nach Demary (2010) der Zins unter den untersuchten Variablen die wichtigste Erklärungsvariable für die Immobilienpreisdynamik: „Summing up, interest rate shocks are a key driver of house price dynamics. Shocks to the price level and shocks to output only play a minor role in most countries."[12] Als Begründung für Deutschland wird genannt, dass die Immobilienpreise hierzulande über die Jahre „sticky" sind, sodass die Auswirkungen einer Zinsänderung erst im späteren Zeitverlauf eintreten werden und die Preisanpassung rigide ist.[13]

Die Gründe dafür sind die oben beschriebenen restriktiven Richtlinien der Banken bei der Kreditvergabe für Immobilien, die zu langen Zinsbindungsfristen und hohen Eigenkapitalanforderungen führen. Folglich können sich die Effekte einer Zinsänderung nur zeitverzögert in den Preisen widerspiegeln.

Dies verdeutlicht, wie unterschiedlich die Hypothekenmärkte hinsichtlich der Ausgestaltung der Finanzierungsmöglichkeiten sind, sodass es zu erheblichen Problemen bezüglich der Vergleichbarkeit zwischen den Ländern kommt. Regulierungen, Zinsbindungsdauer, Beleihungsquoten, Bewertungsmethoden, Sicherheiten, die Möglichkeiten einer Refinanzierung, einer Eigenkapitalentnahme oder kurz die Hypothekenkreditvergabestandards sind dabei die wesentlichen Unterschiede und prägen die Wirkung über den Transmissionskanal der geldpoltischen Maßnahmen.

Es ist auffällig, dass der Preisanstieg des europäischen Wohnimmobilienmarktes zwischen 2000 und 2005 durch aufweichende Hypothekenkreditvergabestandards befeuert wurde. In einigen europäischen Ländern sind die Beleihungsquoten auf 100 oder gar über 100 Prozent gestiegen und es wurden Kredite mit variablen Zinsen angeboten. In Ländern wie Spanien, Dänemark oder Estland führte dies zu erheblichen Immobilienpreissteigerungen.[14] Mit dem Beginn der Subprime-Krise kam es daraufhin in Ländern mit einem freizügigen Finanzierungssystem zu einer

---

[12] Demary, M. (2010), S.14.
[13] Vgl. Demary, M. (2010), S.11.
[14] Vgl. Ball, M. (2006), S.220 f.

drastischen Preiskorrektur der Vermögensgüter.[15] Durch eine Studie von Sommer et al. (2013), welche mit einem dynamischen Gleichgewichtsmodell die Wirkung von fundamentalen Änderungen auf den amerikanischen Immobilienmarkt analysiert, wird deutlich, dass der Immobilienpreisanstieg in den USA von 1995 bis 2006 hauptsächlich durch steigende Einkommen, niedrige Zinsen und aufgeweichte Kreditrichtlinien zurückzuführen ist. Der Erklärungsgehalt von etwa 50 Prozent der drei Faktoren verdeutlicht, dass neben der Einkommensentwicklung und der Ausgestaltung des Finanzierungssystems, die Zinsentwicklung der wesentliche Preistreiber auf dem Immobilienmarkt ist.[16] Dies ist nicht zuletzt darauf zurückzuführen, dass das Angebot auf dem Immobilienmarkt als unelastisch gilt und nur träge auf eine erhöhte Nachfrage, die durch eine Zinssenkung induziert wird, reagiert.

So wirkt sich nach Sommer et al. (2013) eine Zinsänderung sowohl auf den Kauf- als auch Mietpreis einer Immobilie aus: „In the model, lower interest rates reduce the cost of household borrowing and reduce the rate of return on household savings. Both effects increase demand for owned housing. [...]. At the same time, there is a portfolio shift: rental property investment becomes relatively more attractive as borrowing costs fall and as the return to the alternative investment, deposits, falls. Despite the rise in house prices, which ceteris paribus raises the cost of becoming a landlord, the net effect is that the supply of rental properties rises, and rents fall.“[17] Bei gleichbleibenden Einkommen und fallenden Zinsen von vier auf zwei Prozent sowie eine Lockerung der Kreditrichtlinien um fünf Prozent steigt der Wert einer Immobilie um 16,1 Prozent und die Mieten fallen um 3,5 Prozent.[18]

Insgesamt sind im Zeitraum von 1995-2006 die Immobilienpreise in den USA um 50,4 Prozent gestiegen. Im selben Zeitraum verzeichneten die Mieten lediglich einen Anstieg um 7,4 Prozent. Diese Abweichung sind klare Anzeichen einer Immobilienpreisblase. Aus der Studie wird ersichtlich, dass eine Zinssenkung und weichere Kreditrichtlinien sich positiv auf den Hauspreis auswirken. Ein Anstieg des Einkommens wirkt sich hingegen positiv auf die Mietpreise aus. Ferner wird

---

[15] Vgl. für Subprime-Krise Henger, R. und M. Voigtländer (2011), S.5ff.
[16] Vgl. Sommer, K. et al. (2013), S.855.
[17] Sommer, K. et al. (2013), S.864.
[18] Lockerung der Kreditrichtlinien sind hier höhere Beleihungswerte.

verdeutlicht, dass die Resonanz der fundamentalen Faktoränderungen auf den Kaufpreis deutlich sensitiver ausfällt als auf die Mieten.[19]

Tsatsaronis und Zhu (2004) haben den Zusammenhang zwischen der makroökonomischen Sensitivität hinsichtlich der unterschiedlichen Immobilienfinanzierung in verschiedenen Ländern untersucht. Je nach Ausgestaltung des Finanzierungssystems wurden die Länder in drei in sich homogene Gruppen unterteilt und anschließend die Auswirkung einer kurzfristigen Zinsänderung auf den Immobilienpreis analysiert. Sie sind zu dem Ergebnis gekommen, dass in Ländern mit einer langfristigen Zinsbindung und konservativen Richtlinien bezüglich der Kreditvergabe der Einfluss einer Zinsänderung über den Kreditkanal geringer ausfällt als in Ländern mit variablen Hypothekenzinsen. In Ländern mit einem konservativen Hypothekenmarkt wie Deutschland ist die Preisentwicklung auf makroökonomische Determinanten zurückzuführen.[20] So ist in diesem Umfeld die Inflation der größte Preistreiber und die Immobilienpreise weisen eine geringe Sensitivität auf makroökonomische Schocks auf. Eine Zinsänderung betrifft dann nur die Neukunden, wohingegen die Bestandskunden weiterhin die gleichen Kreditkonditionen genießen. In Ländern, in denen der Hypothekenmarkt von variablen Zinsen dominiert wird, die Immobilien mit einer marktbasierten Bewertungsmethode bewertet werden und die Möglichkeit einer Eigenkapitalentnahme bei gestiegenen Immobilienpreisen besteht, hat der Kreditmarkt deutlich mehr Einfluss.[21] Somit reagieren die Immobilienpreise auf eine Zinsänderung deutlich anfälliger und volatiler. Dadurch erhöht sich die Gefahr einer spekulativen Preisentwicklung und es kann auf dem Immobilienmarkt leichter zu einem Ungleichgewicht kommen.[22]

Die vorgestellten Studien zeigen, wie unterschiedlich die Finanzierungssysteme für den Immobiliensektor in den verschiedenen Ländern ausfallen. In Abhängigkeit der jeweiligen Ausgestaltung fallen dabei die Transmissionsprozesse unterschiedlich aus und eine Zinsänderung zeigt nicht in allen Ländern die gleiche Reaktion.

---

[19] Vgl. Sommer, K. et al. (2013), S.867ff.

[20] Siehe für Beleihungswertermittlung in Deutschland §16 PfandBG, Absatz 2.

[21] Eine marktbasierte Bewertungsmethode führt in der Regel zu höheren Preisen als die Beleihungswertmethode in Deutschland.

[22] Vgl. Tsatsaronis, K. und H. Zhu (2004), S.74ff.

2.3 Rückblickende Entwicklung des Hypothekenzinses in Deutschland

Im Folgenden zeigt ein Rückblick der Sollzinsentwicklung für Hypothekenkredite in Deutschland, dass die aktuelle langanhaltende Niedrigzinsphase ein Novum ist. Der Trend rückläufiger Zinsen ist jedoch nicht nur in Deutschland sondern auch in anderen industrialisierten Ländern wie der USA, UK, Japan und anderen OECD Ländern zu beobachten.[23]

Für den Zeitraum zwischen 1967 bis 1982 handelt es sich in Abbildung 1 um Zinssätze aller Art. Mangels einer einheitlichen Datenerfassung wird davon ausgegangen, dass sich die Mehrzahl der Verträge am Gleitzins orientiert hat. Ab 1982 handelt es sich um monatliche Effektivzinsätze auf Hypothekarkredite für Wohngrundstücke mit einer anfänglichen Zinsbindung von fünf Jahren. Für die Berechnung der Effektivzinsätze wurde eine jährliche Grundtilgung von einem Prozent angenommen. Da es bei der früheren Methode eine Unter-/ und Obergrenze der Streubreite bezüglich der Zinsen gab, wurden für die folgende Übersicht Durchschnittssätze verwendet. Ab 2003 gelten die Effektivzinssätze für das Neugeschäft der neuen Methode der Europäischen Währungsunion (EWU-Zinsstatistik) auf Wohnungsbaukredite an private Haushalte mit einer anfänglichen Zinsbindungsdauer von fünf bis zehn Jahren.[24]

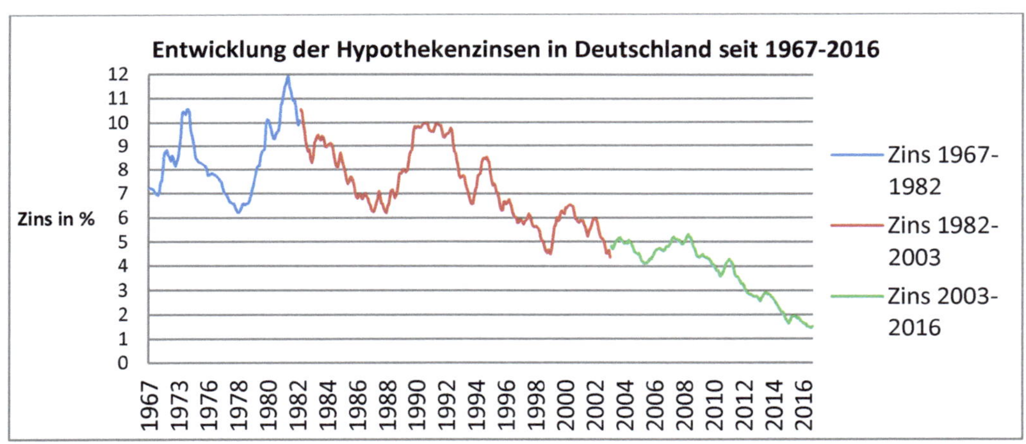

Abbildung 1: Entwicklung der Hypothekenzinsen in Deutschland seit 1967.
Deutschen Bundesbank(2015b), Zeitreihenkennung BBK01.SU0010, BBK01.SU0043 und BBK01.SUD160; eigene Darstellung.

In Abbildung 1 wird ersichtlich, dass das Zinsniveau im Zeitraum zwischen 1967 und 2003 deutlich über dem heutigen lag. Das Niveau von sechs Prozent wurde erstmals 1997 unterschritten und seitdem ist der Trend fallend.

[23] Vgl. Demary, M. und J. Matthes (2014), S.12ff.

[24] Die wesentlichen Unterschiede der neuen EWU- Zinsstatistik werden in Kapitel 3.1 noch genauer beschrieben.

Neben dem deutschen Wirtschaftswunder nach dem zweiten Weltkrieg war es die keynsianisch geprägte Wirtschaftspolitik, die durch staatliche Interventionen eine höhere Nachfrage induzierte und folglich höhere Inflationsraten und somit höhere Zinsen bewirkte. Auch die höheren Importpreise, ausgelöst durch die Ölkrise 1973, drückten sich in einer deutlich höheren Inflation aus. Schließlich dämpfte die Bundesrepublik im Jahr 1973 durch das Stabilitätsprogramm und durch die Kursfreigabe der D-Mark die Inflation.[25] Dennoch lagen auch in den darauffolgenden Jahren sowohl die Zinssätze als auch Inflationsraten deutlich über dem heutigen Niveau. Nach einem Rückgang auf knapp sechs Prozent 1988 zog der Zins im Zuge der Wiedervereinigung deutlich an. Seither ist der Zins kontinuierlich gesunken und weist lediglich kleine Zinsanstiege infolge wirtschaftlicher Aufschwünge auf. Das heutige Niedrigzinsumfeld ausgelöst durch die Dotcom-Blase im Jahr 2000 und der Subprime Krise 2007 ist auch Ausdruck der extrem expansiven Geldpolitik der FED und später auch der EZB, die neben den niedrigen Zinsen auch zu unkonventionellen Maßnahmen greift, um eine Teuerungsrate von zwei Prozent pro Jahr zu erreichen.

Ebenfalls beeinflussen ausländische Kapitalströme den Zins. Allgemein gilt der deutsche Anleihenmarkt wegen seiner hohen Sicherheit als sehr attraktiv. Dies drückt sich in einem niedrigeren Zins aus und infolgedessen werden die inländischen Akteure ihr Vermögen vom dem relativ risikofreien Anleihenmarkt auf den Immobilien- oder Aktienmarkt umschichten. Beide Effekte wirken preissteigernd auf den Preis von Immobilien.[26]

Hinzu kommt, dass der deutsche Immobilienmarkt seit der Jahrtausendwende im internationalen Vergleich nur moderate oder gar rückläufige Preisentwicklungen aufweist und somit günstige Einstiegschancen bietet. Zudem erwies sich der deutsche Immobilienmarkt in der Finanzmarktkrise als robust und resistent, was den Kapitalzufluss aus dem Ausland verstärkt hat.[27]

2.4 Das Hypothekenkreditvolumen und Zinsbindungsfristen

Dieses Kapitel beschränkt sich auf den Bereich der Niedrigzinsphase ab dem Jahr 2003 und visualisiert das Hypothekenkreditvolumen einschließlich der verschiedenen Zinsbindungsfristen mit dem jeweiligen Anteil an den Wohnungsbaukrediten. Erst die neue EWU-Zinsstatistik, welche die genaue Segmentierung der

[25] Vgl. Deutsche Bundesbank (1974), S.57f.
[26] Favilukis, J. et al. (2010), S.5.
[27] Vgl. von Einem, E. (2016), S.175f., sowie Tsatsaronis, K. und H. Zhu (2004), S.67.

Hypothekarkredite vorsieht, ermöglicht die genaue Betrachtung der Entwicklung des Hypothekenkreditvolumens nach verschiedenen Wirtschaftsbereichen.

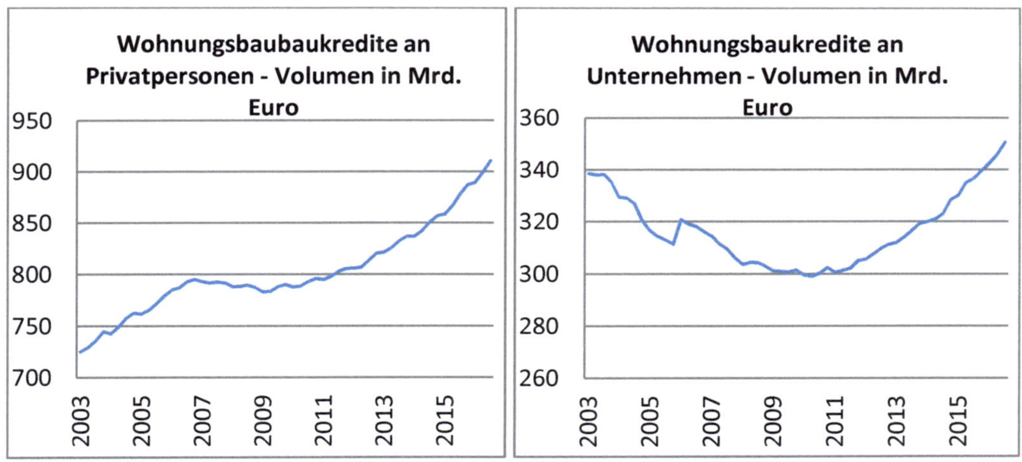

Abbildung 2: Entwicklung der Wohnungsbaukreditvolumina an Privatpersonen und Unternehmen. Deutsche Bundesbank (2016e); eigene Darstellung.

Abbildung 2 verdeutlicht die Reaktion des Kreditvolumens auf den gefallenen Zins. Seit 2011 zeigt sich in beiden Sektoren ein deutlicher Zuwachs des Volumens an Wohnungsbaukrediten. Neben dem Argument, dass die Anleger vor allem in wirtschaftlich unsicheren Zeiten in Wirtschaftgüter wie Immobilien investieren, wird der Anstieg durch die extreme Niedrigzinsphase verstärkt. Die günstigeren Finanzierungskonditionen erhöhen zudem die Nachfrage nach Wohneigentum. Das Gesamtvolumen im 3. Quartal 2016 aller Wohnungsbaukredite beziffert sich auf 1264,481 Mrd. Euro.[28] Neben dem Anstieg wird so der hohe Anteil von 72 Prozent am Gesamtvolumen der Wohnungsbaukredite an private Haushalte sichtbar. Somit ist für diese Gruppe das Finanzierungssystem und die damit verbundenen Regulierungen besonders wichtig. Kommt es zu Veränderungen, kann dies eine hohe Resonanz auf der Nachfrageseite auslösen.

Bei der Betrachtung des Kreditvolumens für Unternehmen ist, nach einem Rückgang seit 2003, ebenfalls eine umgekehrte Entwicklung seit 2011 zu verzeichnen. Da der Anteil von 27,7 Prozent am Gesamtvolumen im Vergleich gering ist und es hinsichtlich der Variablenauswahl beachtliche Unterschiede gibt, wird im Folgenden nicht auf die Entwicklung der Hypothekarkredite der Unternehmen eingegangen.[29]

Einen weiteren Zusammenhang hält Demary (2008) in seinen Ausführungen fest. Die Entwicklung der Immobilienpreise steht im Einklang mit dem Konjunktur-

---

[28] Deutsche Bundesbank (2016f), S.34.

[29] Ein unbedeutender Anteil von ~0,3 Prozent geht an Organisation ohne Erwerbszweck.

zyklus. Geht man weiter davon aus, dass ein Immobilienpreisanstieg die Kreditsicherheiten erhöht, kann dies durch die gestiegenen Beleihungswerte zu einer Ausweitung des Kreditvolumens führen. Durch eine dadurch induzierte Nachfrageerhöhung kann dieser Zusammenhang neben Preissteigerungen im Konsumgüterbereich zu steigenden Immobilienpreisen führen. Beide Effekte können die konjunkturellen Schwankungen verstärken und im Falle einer Preiskorrektur nach unten eine Wirtschaftskrise deutlich verschärfen.[30] So ist in Abbildung 2 in den Jahren 2007-2010 bei den privaten Haushalten eine Stagnation und bei den Unternehmen gar eine rückläufige Entwicklung des Kreditvolumens zu beobachten, was die These des Einklanges mit dem Konjunkturzyklus unterstützt.

Ferner werden viele Marktakteure die Niedrigzinsphase ausnutzen, um eine günstigere Refinanzierung in Anspruch zu nehmen. Durch eine langanhaltende Niedrigzinsphase und die Möglichkeit von Forward-Darlehen kommen immer mehr Kreditnehmer in den Genuss niedriger Zinsen.[31] Dass die Marktteilnehmer genau dies tun, zeigt die Entwicklung der Zinsbindungsfristen am prozentualen Anteil an dem gesamten Wohnungsbaukreditvolumen.

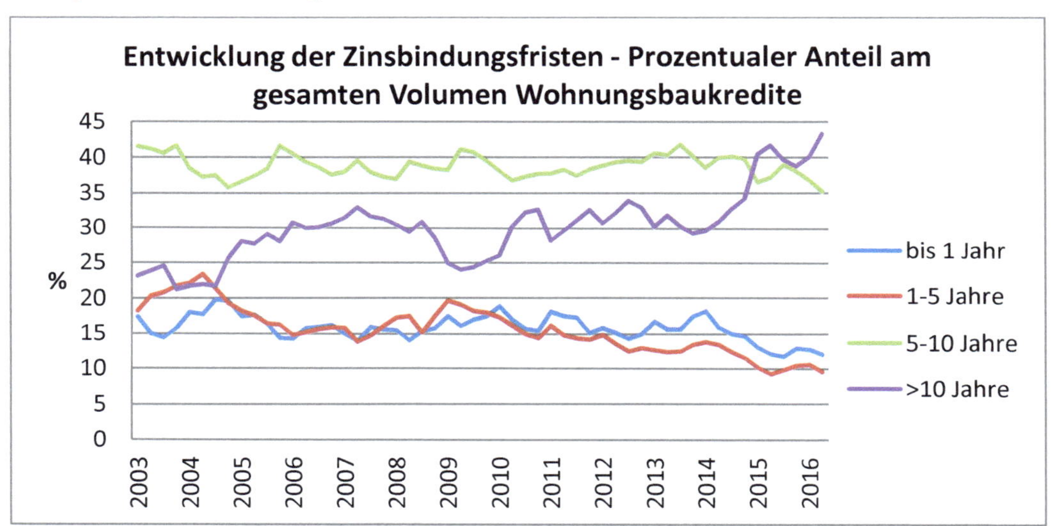

Abbildung 3: Entwicklung der Zinsbindungsfristen.
Deutsche Bundesbank (2017b); Zeitreihenkennung: BBDY1.Q.B20.N.G650.F1240.A, BBDY1.Q.B20.N.G650.F1210.A, BBDY1.Q.B20.N.G650.F1220.A, BBDY1.Q.B20.N.G650.F1230.A; eigene Darstellung.

Abbildung 3 zeigt, dass vor allem die langjährigen Verträge bei den Akteuren seit der Niedrigzinsphase an Relevanz deutlich zugenommen haben. So betrug der Anteil der Zinsbindungsdauer von mehr als zehn Jahren 2009 gerade einmal 25 Prozent des gesamten Kreditvolumens. Seither ist der Anteil kontinuierlich auf

[30] Demary (2008), S.2.
[31] Vgl. Für Forward-Darlehen Peters, B. (2002), S.100f.

fast 45 Prozent angestiegen. Zeitgleich sind die kurzfristigen Verträge weiter gesunken und der Anteil der variablen Zinsverträge ist auf unter zehn Prozent gefallen.

Gleichzeitig führt dies in Verbindung mit einer lang anhaltenden Niedrigzinsphase zu einer Verringerung der Ertragslage auf Seite der Banken. Eine Bank generiert im Normalfall einen großen Teil ihre Erträge durch den Zinsüberschuss aus kurzfristigen Kundeneinlagen zu niedrigen Zinsen und der Kreditvergabe zu höheren Zinsen. Dieser ist durch die Niedrigzinsphase deutlich gesunken. Da die Kreditzinsen bei normalerweise fristenkongruenter Refinanzierung der Kredite erst nach Ablauf der Zinsbindungen zu den besseren Zinskonditionen ersetzt werden, kommt auch der Gewinneinbruch der Banken mit einer Verzögerung. Zudem können die Zinsen der Tagesgelder und Sichteinlagen nicht im gleichen Umfang sinken, wie der Zinssatz für kurzfristige Einlagen der Banken bei der EZB gesunken ist. Negative Zinsen bei der EZB konnten bislang nicht durch negative Zinsen bei dem Verbraucher kompensiert werden. Dies führt ebenfalls zu einer Verringerung des Ertrages der Banken.[32]

Kommt es zu einem plötzlichen Zinsanstieg, führt dies auch bei fristenkongruenter Refinanzierung der Darlehen nur zu einer allmählichen Gewinnsteigerung. Ob die fristenkongruente Refinanzierung tatsächlich bei allen Darlehen gelingt, ist fraglich. Bei höheren kurzfristigen Refinanzierungskosten der Banken kann die Gefahr steigen, dass mehrere Sektoren im Bankenbereich gleichzeitigen getroffen werden und so die Finanzstabilität gefährden.[33] Durch das Pfandbriefgesetz wird jedoch ein Großteil der Darlehen in sichere Anleihen finanziert, sodass das Risiko in Deutschland begrenzt ist.[34]

[32] Vgl. Demary, M. und J. Matthes (2014), S.42f.
[33] Vgl. Deutsche Bundesbank (2016a), S.8.
[34] Vgl. PfandBG §4.

3. Ergebnisse der empirischen Untersuchung einer Zinsänderung auf das Hypothekenkreditvolumen in Deutschland

Nachdem sowohl die Zinsentwicklung als auch das Kreditvolumen für den Wohnungsbau veranschaulicht und die ökonomische Relevanz hinsichtlich der Ausgestaltung des Finanzierungssystems beschrieben wurden, soll bei der folgenden empirischen Analyse die Reaktion des deutschen Hypothekenkreditvolumens auf eine Zinsänderung im Vordergrund stehen. Im Unterschied zu den vorgestellten Studien steht der deutsche Hypothekenmarkt nun im Mittelpunkt und es wird nicht mehr zwischen Ländern unterschieden. Durch eine Regressionsanalyse wird gezeigt, dass eine Zinsänderung trotz des konservativ aufgebauten Finanzierungssystems in Deutschland einen statistisch und ökonomisch signifikanten Einfluss auf das Hypothekenkreditvolumen ausübt.

Die Daten für das Hypothekenkreditvolumens stammen dabei aus der Zeitreihendatenbank der Deutschen Bundesbank und liegen von 2003 bis 2016 quartalsweise vor.

3.1 Die EWU-Zinsstatistik und Auswahl der Variablen

Die neue Erhebungsmethode „EWU-Zinsstatistik“ wurde 2003 eingeführt. Sie soll für eine einheitliche Erfassung der Zinssätze sowohl im Neugeschäft als auch über die Bestände der laufenden Einlagen und Kredite sorgen und wird monatlich erfragt. Über diesen Weg kann der Transmissionsmechanismus analysiert und eine Überwachung bezüglich der Finanzstabilität des europäischen Währungsraumes gewährleistet werden. Durch die Erfassung der Kreditzinsen kann nach Meinung der EZB der Kreditkanal und somit die geldpolitischen Auswirkungen analysiert werden: „Monetary financial institution (MFI) interest rate statistics enable users to analyse the credit channel of monetary policy [...].“[35]

Für die Wohnungsbaukredite an private Haushalte gilt dabei die deutsche Preisangabenverordnung (PAngV) und in die Berechnung des effektiven Jahreszinssatzes fließen sowohl die Zinskosten als auch alle sonstigen Kosten, einschließlich der Vermittlungskosten ein.[36]

Als wesentlicher Vorteil der EWU-Methode gilt die Gliederung nach den wirtschaftlichen Sektoren und die Unterscheidung zwischen Marktakteuren. Zudem werden die Kredite nach dem Verwendungszweck gegliedert, was die genaue Un-

---

[35] Vgl. Europäische Zentralbank (2003), S.8.

[36] Siehe §6 PAngV.

tersuchung der Kreditvergabe für den Wohnungsbau erlaubt. Schließlich ermöglicht diese Gliederung eine für diese Arbeit relevante und umfassende Datenbasis für eine Wirkungsanalyse der Zinsen auf dem Hypothekenmarkt. An der Erhebung der neuen Methode beteiligen sich seit 2010 etwa 240 Banken.[37]

Durch die beschriebenen Unterschiede hinsichtlich der Erhebungsmethode weist die Deutsche Bundesbank (2004) darauf hin, dass die Zinssätze nach der neuen Methode nur eingeschränkt mit den Daten der früheren Methode vergleichbar sind. Daher beschränkt sich die Regressionsanalyse lediglich auf den Zeitraum von 2003 bis zum 2. Quartal 2016.[38]

Auch die weiteren Variablen, welche als Kontrollvariablen für das Modell dienen, werden von der Deutschen Bundesbank, die teilweise auf den Ursprungswerten des Statistischen Bundesamtes beruhen, übernommen. Die Bundesbank hat dazu ein spezielles Indikatorensystem für den deutschen Wohnimmobilienmarkt entwickelt. Dabei werden sowohl die finanzwirtschaftlichen Indikatoren, wie der Bestand an Hypothekenkrediten, als auch die realwirtschaftlichen Indikatoren, wie die Baugenehmigungen, berücksichtigt.[39]

3.2 Das empirische Modell – Aufbau und Ergebnisse der Einflussfaktoren auf das Kreditvolumen

Für die Robustheit des Modells wurden die Daten im Vorfeld bearbeitet. Für die Phase der Modellspezifizierung wurde die Methode von Box-Jenkins angewendet.[40] Nach der richtigen Spezifizierung sind für die untersuchten Zeitreihen zunächst erste Differenzen gebildet worden, um den Einfluss des Trends zu entfernen. So wurden für alle Beobachtungen der Zeitreihen die Differenz zum Vorquartal gebildet. Durch dieses Vorgehen erreicht man einen schwach abhängigen Prozess.[41] Die statistische Interpretation von Differenzen gleicht einer absoluten Änderung und in der folgenden Tabelle wird dieser Vorgang durch ein Δ vor jedem Variablennamen erkennbar gemacht.

Die Stationarität der Zeitreihen wurde mit Hilfe des Dickey-Fuller-GLS-Tests geprüft. Somit ist der Mittelwert und die Kovarianz über die Zeit konstant und die schwache Stationaritätsannahme ist erfüllt.[42] Dies ist für eine Zeitreihenanalyse

[37] Vgl. Deutsche Bundesbank (2011), S.58.
[38] Siehe dazu Deutsche Bundesbank (2004), S.59.
[39] Eine detaillierte Variablenübersicht befindet sich im Anhang A, Tabelle 5.
[40] Vgl. Schlittgen, R. und B. Streitberg (2001), S.288ff.
[41] Vgl. Wooldridge, J.(2013), S.384.
[42] Vgl. Schlittgen, R. und B. Streitberg (2001), S.100f.

notwendig, um einen langfristig stabilen Zusammenhang zu erhalten. Der Vorteil gegenüber dem normalen Dickey-Fuller-Test ist, dass dieser auch für kurze Zeitreihen verlässliche Aussagen über die Stationarität trifft.[43]

Für die Ermittlung der Lag-Längen wurde die graphische Analyse der Korrelogramme angewendet. Ein Lag ist der zeitverzögerte Einfluss der Vorperiode auf die darauffolgende Periode. Die Lags werden benötigt, um eine mögliche Autokorrelation innerhalb der jeweiligen Zeitreihen zu beseitigen. In der Tabelle 1 werden diese durch Indexwerte an den Variablen veranschaulicht.

Die folgenden Regressionen sind auf Basis der Methode der kleinsten Quadrate durchgeführt worden und es wurden robuste Standardfehler benutzt, um dem Heteroskedastieproblem entgegenzuwirken. Insgesamt wurden drei Regressionsgeraden geschätzt. Als abhängige Variable dient das differenzierte Hypothekenkreditvolumen der privaten Haushalte. Mit jeder weiteren Regression wurde die Anzahl der unabhängigen Variablen, welche Einfluss auf das Hypothekenkreditvolumen einnehmen, erhöht.

Die geschätzten Koeffizienten, welche in der folgenden Tabelle neben der jeweiligen Variable stehen, zeigen dabei den Wirkungszusammenhang auf die absolute Änderung des Kreditvolumens. Die jeweils darunter liegenden Zahlen in den Klammern spiegeln die robusten Standardabweichungen der Variablen wider.

Zur Überprüfung der Modellvalidierung wurden verschiedene Tests durchgeführt, welche die Regression auf Multikollinearität, Autokorrelation, Modellspezifizierung und nicht berücksichtigte Variablen prüfen. Zudem wurde neben dem normalen Bestimmtheitsmaß R^2 und dem Adj. R^2, welche unterhalb der Tabelle stehen, auch das Akaike sowie das Bayessche Informationskriterium herangezogen.[44]

Die Bestimmtheitsmaße geben dabei an, wie viel Prozent der Variation im Kreditvolumen mit der jeweiligen Regression erklärt wird. Da im Folgenden weitere Variablen hinzugefügt und diese in die Berechnung des Adj. R^2 einbezogen werden ist dieses Maß zweckmäßig.

Die zugrunde liegende Form des Regressionsmodells wird am Beispiel der Regression (1) dargestellt und in der Literatur als rational distributed lag model (RDL) bezeichnet:[45]

---

[43] Vgl. Elliot, G., T. Rothenberg und J. Stock (1996), S.824f.

[44] Vgl. Schlittgen, R. und B. Streitberg (2001), S.335ff

[45] Vgl. dazu Wooldridge, J. (2013), S.611.

$$\Delta\,Kredit_t = \beta_0 + \alpha\,\Delta\,Kredit_{t-1} + \beta_1\,\Delta\,Zins_t + \beta_2\,\Delta\,Zins_{t-1} + \beta_3\,\Delta\,Zins_{t-2} + \beta_4\,\Delta\,Baug_t + \beta_5\,\Delta\,Zinssp_t + \beta_6\,\Delta\,Zinssp_{t-1} + \beta_7\,\Delta\,Lohn_t + \beta_8 Zeittrend + v_t \qquad (3.1)$$

α : Wirkung des Lags der abhängigen Variable mit: $|\alpha| < 1$

β_i : Regressionskoeffizienten der unabhängigen Variablen

v_t : Störterm mit: $v_t = u_t - \alpha u_{t-1}$

Bei den Variablen, welche Lags enthalten und ein gemeinsam signifikanter Einfluss festgestellt werden kann, kommt es nicht zu einer marginalen Wirkungsanalyse der unabhängigen Variablen, sondern zu einer dynamischen Interpretation. So hat eine Zinsanpassung bei einer festgestellten Lag-Länge von zwei, die in der Periode t getätigt wird noch eine Auswirkung in den zwei Folgeperioden t+1 und t+2. Allerdings klingt die Wirkung mit der Zeit ab und daher wird dieser Prozess als dynamisch beschrieben.

Formal kann man den Langzeiteffekt in einem RDL-Model wie folgt darstellen und anschließend den dynamischen Effekt der jeweils unabhängigen Variable x_k mit der Lag-Länge n berechnen:

$$Langzeiteffekt\ der\ unabhängigen\ Variable\ x_k = \frac{(\beta_{i_k} + \ldots + \beta_{i_{k+n}})}{(1-\alpha)} \qquad (3.2)$$

Der Kerngedanke ist, den Zinseinfluss auf den deutschen Hypothekenmarkt auf dessen Signifikanz hin zu prüfen. Durch die Ergänzung anderer makro- und immobilienökonomischer Determinanten soll die jeweilige Wirkung auf die absolute Änderung des Hypothekenkreditvolumens der privaten Haushalte überprüft werden. Wenn das Hypothekenkreditvolumen als Indikator der Preisentwicklung dienen kann, können so Rückschlüsse über den Transmissionsmechanismus und die Wirkungsweise einer Zinsänderung auf die Preisentwicklung von Immobilien gezogen werden.

	(1)	(2)	(3)
	Δ $Kredit_t$	Δ $Kredit_t$	Δ $Kredit_t$
Konstante	-13.345*	-12.419*	-3.406
	(7.381)	(6.151)	(7.828)
Δ $Kredit_{t-1}$	0.346***	0.427**	0.434**
	(0.117)	(0.178)	(0.162)
Δ $Zins_t$	3.866	3.861	4.011
	(2.959)	(3.055)	(2.970)
Δ $Zins_{t-1}$	-2.610	-2.891	-2.401
	(2.496)	(2.626)	(2.754)
Δ $Zins_{t-2}$	-4.417*	-4.828**	-3.822*
	(2.505)	(2.238)	(2.229)
Δ $Baug_t$	-0.035*	-0.040***	-0.033**
	(0.019)	(0.014)	(0.015)
Δ $Zinssp_t$	-10.975**	-12.302*	-13.523**
	(5.293)	(6.848)	(6.268)
Δ $Zinssp_{t-1}$	2.009	5.869	5.046
	(4.515)	(5.263)	(4.850)
Δ $Lohn_t$	-0.932**	-0.689	-0.578
	(0.388)	(0.471)	(0.449)
Zeittrend	0.081**	0.074**	0.027
	(0.039)	(0.033)	(0.042)
Δ $BestandP_t$		2.909*	3.675**
		(1.495)	(1.531)
Δ $BestandP_{t-1}$		-2.840	-2.498
		(1.829)	(1.808)
Δ $Richtlinien_t$		-0.035	-0.060
		(0.041)	(0.044)
Δ $Richtlinien_{t-1}$		0.083**	0.063
		(0.034)	(0.045)
Δ $Hpreis_t$			0.515
			(0.396)
Δ $Hpreis_{t-1}$			0.640*
			(0.364)
Beobachtungen	50	50	50
R-sqr.	0.448	0.588	0.616
Adj. R-sqr.	0.323	0.439	0.463
Signifikanzniveau:	* p<0.10	** p<0.05	*** p<0.01

Anmerkung: Robuste Standardfehler in Klammern.

Einheiten: Kredit in Mrd. Euro, Zins in Prozent, Baugenehmigungen in Tausend, Zinsspread in Prozent, Lohn in Mrd. Euro, Bestand inländischer Banken an Wohnungsbaukrediten in Prozent des BIP, Richtlinien in Prozent, Häuserpreis als Index (2010=100).

Quelle: eigene Berechnung auf Basis der Deutschen Bundesbank (2015b), (2016c) und (2017b).

Tabelle 1: Wirkungsmechanismus einzelner Faktoren auf das Hypothekenkreditvolumen.

Wie man bei der Regression (1) erkennen kann, wird ein großer Teil der absoluten Hypothekenänderung durch die Vorperiode selbst erklärt.[46] Der dazu gehörige Koeffizient von ~0,35 zeigt einen hoch signifikanten Einfluss. Die Regression legt nahe, dass eine absolute Änderung in der Vorperiode noch einen Einfluss von 35 Prozent auf die heutige Änderung des Kreditvolumens ausübt. Das die absolute Änderung der Vorperiode noch einen so großen Einfluss hat, könnte vor allem auf die langen Zinsbindungsfristen der Verträge zurückzuführen sein. Somit werden sich neue Regulierungen, Zinsänderungen und weitere Anpassungen erst im Zeitablauf auswirken. Auch die allgemeine Preisentwicklung, die Immobiliennachfrage und das -angebot werden sich erst im Zeitablauf anpassen, sodass ein struktureller Bruch zwischen den Quartalen als unwahrscheinlich gilt.

Die Auswahl der Zinsen mit einer Zinsbindungsdauer von über fünf bis zehn Jahren ist für Deutschland sinnvoll, nachdem der konstant hohe Anteil am Gesamtvolumen in Kapitel 2.4 dargestellt wurde. Aus der Tabelle 1 erkennt man allerdings, dass eine Zinsänderung weder in der Periode t noch in der nachfolgenden Perioden t-1 einen signifikanten Einfluss ausübt.[47] Erst eine Zinsänderung in der Periode t-2 hat einen signifikant negativen Einfluss von -4,417 Mrd. Euro auf das Kreditvolumen.[48]

Es kann unter Zuhilfenahme des F-Tests zudem eine gemeinsame Signifikanz der aktuellen Zinsen sowie dem ersten und zweiten Lag festgestellt werden.[49] Wenn man nun den dynamischen Prozess der Formel (3.2) berücksichtigt, wird der Effekt einer Zinsänderung leicht verstärkt. So schmälert eine Zinserhöhung von einem Prozentpunkt die absolute Änderung des Kreditvolumens um 4,833 Mrd. Euro. Bei einer durchschnittlichen absoluten Änderung des Kreditvolumens von 3,277 Mrd. im Beobachtungszeitraum erkennt man, dass eine Zinsänderung von einem Prozentpunkt bereits beachtliche Auswirkungen auf die Kreditnachfrage der privaten Haushalte haben kann.[50] Wie später gezeigt wird, kann es bei einem anhaltenden Zinsanstieg über mehrere Jahre somit zu einer Abschwächung des Kreditwachstums kommen.

Eine Änderung von 1000 Baugenehmigungen nimmt im Gegensatz zu dem erwarteten positiven Wert einen negativen und signifikanten Wert von -0,035 Mrd. Eu-

---

[46] Es wird darauf hingewiesen, dass eine Periode einem Quartal entspricht.
[47] Das jeweilige Signifikanzniveau ist durch *, **, *** gekennzeichnet.
[48] Diese und die folgenden Interpretationen erfolgen unter der Annahme ceteris paribus.
[49] Siehe für gemeinsame Signifikanzniveaus die P-Werte des F-Tests im Anhang A, Tabelle 6.
[50] Siehe Durchschnittliches Wachstum im Anhang A, Tabelle 4.

ro an. Zum einen kann dies auf die geänderten Kreditrichtlinien zurückzuführen sein. Strengere Kreditrichtlinien führen in der Regel zu höheren Eigenkapitalquoten. Dies reduziert die Aufnahme von Fremdkapital und senkt so das Kreditvolumen. Zum anderen wird durch einen Anstieg der Baugenehmigungen auch das zukünftige Angebot determiniert. Steigen die Baugenehmigungen stark an, wird künftig mehr Wohnraum fertiggestellt. Die Verzögerung zwischen Baugenehmigung und Fertigstellung wird als Bauüberhang bezeichnet.[51] Dies wirkt zukünftig dämpfend auf die Preise und so indirekt auf das Kreditvolumen.

Der Zinsspread, welcher die Differenz zwischen den Kreditzinsen von fünf bis zehn und ein bis fünf jährigen Kreditverträgen darstellt, hat in der Regression (1) einzeln in Periode t einen signifikanten Einfluss von -10,975 Mrd. Euro. Die Nachfrage nach Hypotheken nimmt demzufolge ab, wenn der Abstand zwischen den beiden Zinssätzen zunimmt. Zu beachten ist allerdings, dass sich die Bandbreite der Änderungen des Zinsspreads seit 2003 zwischen -0,3 und + 0,4 Prozent bewegt hat, was die auf den ersten Blick große Auswirkung deutlich dämpft. Bei der Betrachtung wird zudem ersichtlich, dass vor allem seit der Niedrigzinsphase der Spread deutlich gesunken und in letzter Zeit gar ins Negative gefallen ist. Das bedeutet, dass die Zinsen für langjährige Kredite zu günstigeren Konditionen auf den Markt angeboten werden als die für kurzfristige Kredite. Auch dies würde nicht nur die Entwicklung der Zinsbindungsbindungsfristen in Abbildung 3 unterstützen, sondern auch den Anstieg des Volumens selber. Dass der Spread dieser Entwicklung folgt, liegt auch an der Zinspolitik der EZB, welche zuletzt negative Zinssätze eingeführt hat. Ferner zeigt die Signifikanz, dass bei der Immobilienfinanzierung langfristige Zinsbindungsdauern von den privaten Haushalten präferiert werden.

Ein Anstieg des aggregierten Nettolohns um eine Mrd. Euro hat ebenfalls einen dämpfenden und signifikanten Einfluss in Periode t von -0,932 Mrd. Euro. Eine Erklärung wäre, dass mit zunehmender Lohnsteigerung mehr Eigenkapital verwendet wird und sich dies negativ auf das Kreditvolumen auswirkt. Aus Stationaritätsgründen bezüglich der Lohnentwicklung wurde in der Regression zudem noch ein Zeittrend mit einer Änderung des Kreditvolumens von 0,081 Mrd. pro Quartal unterstellt.

---

[51] Vgl. Brombach, K., A. Fricke und J. Jessen (2015), S.125.

In der nächsten Regression (2) wurden der Bestand der Wohnungsbaukredite an private Haushalte und die Entwicklung der Kreditrichtlinien jeweils als Differenzen ergänzt. Die Messung der Kreditrichtlinien richtet sich dabei nach der Bank Lending Survey des Eurosystems, welche eine vierteljährliche Umfrage zum Kreditgeschäft durchführt.[52]

Die auffälligste Änderung ist der Anstieg auf ~43 Prozent des Vorquartals des Kreditvolumens. Somit ist der erklärende Teil des Vorquartals der abhängigen Variable deutlich angestiegen.

Ebenfalls ist die Resonanz der Zinsen gestiegen. So ist der signifikante Einfluss aus der Periode t-2 auf -4,828 Mrd. Euro leicht erhöht. Deutlich stärker gestiegen ist der Langzeiteffekt, welcher nun -6,73 Mrd. Euro auf die absolute Änderung beträgt. Auch das Signifikanzniveau hat für die gemeinsame Signifikanz deutlich zugenommen und ist nun auf dem 5 Prozentniveau signifikant.[53]

Der Wohnungsbaukreditbestand inländischer Banken an inländische Haushalte hat sowohl einzeln als auch zusammen mit der Vorperiode einen signifikanten Einfluss. So erhöht eine Änderung des Bestands in Periode t um einen Prozentpunkt des BIP das absolute Wachstum des Kreditvolumens um 2.909 Mrd. Euro. Allerdings wird der Effekt von der Vorperiode stark abgeschwächt, sodass der Langzeiteffekt lediglich 0,12 Mrd. Euro beträgt und somit kaum Auswirkungen auf die absolute Änderung hat. Dies ist ebenfalls dadurch zu erklären, dass die Marktteilnehmer ihre Verträge nicht sofort an die neuen Konditionen angleichen können, da sie durch die langfristigen Zinsbindungen an die Altverträge gebunden sind. Zudem kommt es kurzfristig nicht zu einem direkten Nachfrageschwund, da eine Immobilieninvestition eine langfristige Entscheidung für die privaten Haushalte ist.

Die Kreditrichtlinien weisen im Vorquartal einen signifikanten Einfluss auf. So steigt die absolute Änderung des Kreditvolumens um 0,083 Mrd. Euro an, wenn die Richtlinien nach der Bank Lending Survey um ein Prozent zunehmen. Zudem wird eine gemeinsame Signifikanz beider Quartale festgestellt und somit beträgt der Langzeiteffekt 0,084 Mrd. Euro. Die Interpretation der Wirkungsrichtung erscheint sehr überraschend, da eine strengere Regelung zu einer Erhöhung des Volumens führt. Ein möglicher Erklärungsgrund könnte sein, dass sich mit Ankündigung neuer Kreditrichtlinien die Nachfrage nach Krediten zu alten Konditionen

---

[52] Vgl. dazu ausführlich Deutsche Bundesbank (2016b), S.16ff.

[53] Vgl. Anhang A, Tabelle 6.

kurzfristig erhöht, da diese günstigere Richtlinien bieten als die zukünftigen Verträge. Die Haushalte ziehen in diesem Fall ihre Investitionsentscheidung vor.
In der letzten Regression (3) wurde die Häuserpreisentwicklung in Deutschland ergänzt und vervollständigt die Analyse. Wie nach der Erklärung von Demary (2008) zu erwarten war, geht die Variable im Vorquartal als signifikante Größe in die Gleichung ein und steigert die Änderung um 0,64 Mrd. Euro pro angestiegenem Indexwert. Die These, dass sich das Kreditvolumen im Einklang mit den Häuserpreisen entwickelt, wird somit bestätigt. Dass der Häuserpreis erst in t-1 eine signifikante Größe darstellt kann daran liegen, dass sich eine Preisänderung erst zeitverzögert im Kreditvolumen auswirkt, da zwischen dem Angebot der Immobilie am Markt und dem tatsächlichen Immobilienerwerb in der Regel ein Zeitraum von mindestens drei bis sechs Monaten liegt.
Ebenfalls auffällig ist, dass die Wirkung einer Zinserhöhung in t-2 um ein Prozentpunkt auf -3,822 Mrd. Euro abnimmt. Auch der Langzeiteffekt sinkt auf -3,908 Mrd. Euro. Der Rückgang der Zinswirkung verdeutlicht, dass der Immobilienpreis ebenfalls einen großen Erklärungsgehalt für die Änderung des Kreditvolumens aufweist. Dennoch stellt der Zins weiterhin eine ökonomisch relevante Größe auf das Kreditvolumen dar und zeigt, dass trotz Ergänzung weiterer Faktoren der Zins einen signifikanten und robusten Einflussfaktor auf das Kreditvolumen der privaten Haushalte einnimmt.
Durch die empirische Analyse bezüglich der Reaktion auf das Hypothekenkreditvolumen wurde gezeigt, dass es in einem konservativ aufgebauten Finanzierungssystem zu einer verzögerten Wirkung durch einen Zinsanstieg auf das Kreditvolumen kommt. Auch durch die Ergänzung weiterer Determinanten, welche auf den Hypothekenmarkt Einfluss haben, konnte eine Signifikanz bezüglich der Zinsen in t-2 festgestellt werden. Dadurch, dass der Zins eine signifikante und ökonomisch relevante Größe darstellt und so den Anstieg des Kreditvolumens der privaten Haushalte zumindest teilweise determiniert, kann bei einer Zinswende von einem Rückgang des Wachstums ausgegangen werden. Ferner gilt die Niedrigzinsphase der letzten Jahre auch als treibende Kraft der zuletzt hohen Nachfrage nach Baufinanzierungen, da die Haushalte mangels Alternativanlagen ihr Portfolio zugunsten von Sachwerten umgeschichtet haben.[54]

[54] Deutsche Bundesbank (2016b), S.32.

3.3 Prognose der zukünftigen Entwicklung der Wohnungsbaukredite

Um die Auswirkungen einer Zinsänderung zu veranschaulichen, soll auf Basis der letzten Regression (3) eine Prognose hinsichtlich der absoluten Änderung der Wohnungsbaukredite bis zum Jahr 2020 angefertigt werden. Dabei verdeutlichen drei verschiedene Szenarien, dass der Zinseinfluss auf das Kreditvolumen auch von den oben genannten Determinanten wie den Baugenehmigungen oder der Hauspreisentwicklung abhängig ist.

Das erste Szenario stellt eine Zinserhöhung um 0,25 Basispunkte pro Quartal dar. Dies führt zu einem Anstieg der Zinsen auf 5,38 Prozent bis zum Jahr 2020. Um lediglich die Resonanz der Zinsen zu erkennen, werden zunächst alle weiteren Faktoren, die in die obige Regression (3) eingehen, konstant gehalten.

Im zweiten Szenario wird davon ausgegangen, dass die Baugenehmigungen pro Quartal um weitere 5000 Baugenehmigungen anwachsen. Dieses Szenario übersteigt die temporär benötigte Fertigstellung von~400.000 Neubauten bis 2020, um den Nachholbedarf aufgrund des Flüchtlingszustroms auszugleichen.[55] Da nicht alle Baugenehmigungen fertiggestellt werden, erscheint der prognostizierte Überschuss auf 448.000 Wohnungen im Jahr 2020 als sinnvoll.

Im dritten Szenario kommt es zu einer Änderung des Häuserpreiswachstums. Dabei wird von einem Indexanstieg von 0,494 pro Quartal ausgegangen, welcher den Durchschnitt im Beobachtungszeitraum darstellt. Somit steigt der Häuserpreisindex im Jahr 2020 auf ~133 Punkte an. In Kapitel 4 wird sich zeigen, dass in den Städten bereits höhere Preise für Eigentumswohnungen vorliegen. Zudem gibt es beachtliche Unterschiede hinsichtlich der Preisfindung zwischen einem Alt- und Neubau.

Der Beginn des Prognosezeitpunktes ist in Abbildung 4 durch die senkrecht gestrichelte Linie im zweiten Quartal 2016 gekennzeichnet.

---

[55] Witkowski, R. et al. (2015), S.24., sowie BBSR (2016), S.51.

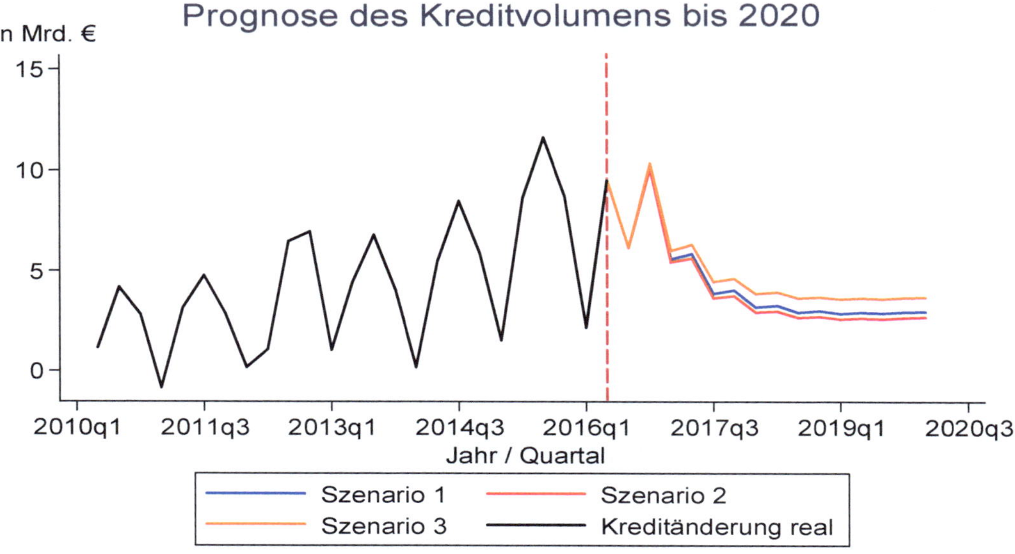

Notiz: vertikale Linie: Beginn der Prognose

Abbildung 4: Prognose des Kreditvolumens der privaten Haushalte in Deutschland. Deutsche Bundesbank (2015b), (2016c) und (2017b), eigene Berechnung und Darstellung.

Die Abbildung 4 zeigt die Entwicklung der absoluten Änderung des Kreditvolumens nach der Finanzmarktkrise und somit den Beginn der extremen Niedrigzinsphase ab 2010. Wie man erkennen kann, verzeichnet die Entwicklung des Kreditvolumens zunächst einen wachsenden Trend, da die Zinsen kontinuierlich gesunken sind. Zu Beginn der Prognose kommt es dann durch eine Zinswende bei den drei Szenarien zu einer gegenläufigen Entwicklung des Kreditvolumens.

Im ersten Szenario wird ersichtlich, dass der Zins einen Einfluss auf die Änderung des Kreditvolumens hat und es zu einer Abschwächung des Wachstums kommt. Dies verdeutlicht den oben dargestellten Zusammenhang, dass es bei einer anhaltenden Zinswende auch in einem konservativ aufgebauten Finanzierungssystem mit langer Zinsbindungsdauer zu einer Resonanz des Kreditvolumens kommen kann.

Das zweite Szenario ist durch einen noch größeren Wachstumsschwund gekennzeichnet. Hierdurch wird der Einfluss des Angebotes auf das Kreditvolumen deutlich. Kommt es zu dem angestrebten Wohnungsbau, wird das Kreditvolumen durch sinkende Preise gedämpft. Somit ist es für die politischen Entscheidungsträger wichtig, dass das Angebot nicht übermäßig ausgeweitet wird. Eine Zinswende mit einem zeitgleichen Angebotsüberschuss kann das Risiko einer Preiskorrektur erhöhen.

Das dritte Szenario demonstriert hingegen den hohen Einfluss der Immobilienpreise auf das Kreditvolumen. Durch den unterstellten Preisanstieg der Immobilien kommt es zu einer geringeren Abschwächung als dies in den ersten beiden Szenarien der Fall war. Dieses Szenario unterstützt auch den Verlauf des Kreditvolumens in Abbildung 2.

Für die Validität der hier angestellten Prognose ist zu bedenken, dass mangels einer einheitlichen Datensammlung in Deutschland der Zeitraum für die empirische Analyse kurz war. Ebenfalls ist der Zins über beinahe den gesamten Beobachtungszeitraum gesunken, sodass die Resonanz eines Zinsanstieges anders ausfallen kann. Auch wurden die Wanderungssalden, welche einen erheblichen Einfluss auf die Nachfrage nach Immobilien ausüben, nicht berücksichtigt.

Geht man jedoch davon aus, dass das Kreditvolumen als Indikator für die Nachfrage nach Immobilien dient und so Einfluss auf die Preisfindung hat, kann eine Zinswende zusammen mit einer übermäßig starken Angebotsausweitung die Preisfindung auf dem Immobilienmarkt beeinflussen.

Allerdings kann man an dieser Stelle festhalten, dass es in den letzten Jahren zu keiner exzessiven Kreditvergabe in Deutschland kam und die Politik mit der Anpassung der Kreditrichtlinien bereits auf den Preisanstieg reagiert hat. Verglichen mit den 80er Jahren, in denen das Kreditvolumen eine durchschnittliche Wachstumsrate von 4,9 Prozent aufwies, ist das durchschnittliche Wachstum im September 2016 zum Vorjahr von 3,7 Prozent noch als moderat einzuschätzen.[56]

Im internationalen Vergleich gilt das deutsche Finanzierungssystem auch als robust gegen Preiskorrekturen. Dies ist darauf zurückzuführen, dass sich die Preise im langfristigen Vergleich moderat entwickelt haben und die Verschuldungsquote der Haushalte gemessen am BIP in den letzten Jahren konstant geblieben ist. Diese ist im internationalen Vergleich darüber hinaus gering. Sie beziffert sich derzeit auf ~53 Prozent.[57] Dies ergibt sich auch durch das Pfandbriefgesetz, welches eine maximale Beleihungsquote von 60 Prozent auf ein Eigenheim vorsieht. Zugleich wird dadurch die Eigenkapitalquote gesteigert und senkt die Ausfallwahrscheinlichkeit bei Krediten.[58] In Verbindung mit einer langen Zinsbindungsfrist sinkt nochmals das Risiko einer abrupten Preiskorrektur.

---

[56] Vgl. Deutsche Bundesbank (2016a), S.20.
[57] Vgl. Deutsche Bundesbank (2017b), Zeitreihenkennung: BBDY1.Q.B20.N.G450.F0440.A.
[58] Vgl. Hiller, N. (2010), S.750.

Ferner wirkt der in der Analyse nicht berücksichtigte gut funktionierende Mietmarkt in Deutschland dämpfend auf den Zinseinfluss. Die Wohneigentumsquote ist im internationalen Vergleich gering und beträgt nach einer Befragung des sozio-ökonomischen Panels im Jahr 2013 45,5 Prozent.[59] Somit lebt etwa die Hälfte aller Haushalte zur Miete, was zeigt, dass der Mietmarkt in Deutschland eine alternative Form zum Wohneigentum darstellt. Bei steigenden Immobilienpreisen, welche durch eine Zinssenkung induziert sind, wird die Nachfrage nach Mietwohnungen ansteigen.

Abschließend ist festzuhalten, dass auf Basis der Erkenntnisse der empirischen Untersuchung in Deutschland hinsichtlich der Kreditvergabe keine Blasenentwicklung zu erkennen ist. Die Entwicklung des Kreditvolumens basiert vielmehr auf den fundamentalen Faktoren wie den niedrigen Zinsen oder den gestiegenen Immobilienpreisen. Auch Bendel und Voigtländer (2016) sehen das Verhältnis von Immobilienkrediten zum BIP unter den aktuellen Rahmenbedingen als nicht zu hoch an.[60] Dennoch sollte man die Entwicklung der Kreditvergabe weiterhin genau beobachten, da sie zusammen mit anderen Faktoren zu einer erheblichen Änderung führen kann. Sowohl die Politik als auch die Geldpolitik sollten daher die Wirkungsmechanismen mehrerer Faktoren parallel analysieren, um so die Risiken einer möglichen Preiskorrektur frühzeitig erkennen und diese minimieren zu können. Im Falle einer fehlerhaften Entwicklung können dann frühzeitig Gegenmaßnahmen getroffen werden.

---

[59] Vgl. Niehues, J. und M. Voigtländer (2016), S.1, sowie Kholodilin, K. et al.(2014), S.1236.
[60] Vgl. Bendel, D. und M . Voigtländer (2016), S.48.

4. Entwicklung und aktuelle Kennzahlen des deutschen Wohnimmobilienmarktes in den Metropolregionen

In diesem Kapitel soll die Preisentwicklung in den Metropolregionen Deutschlands einer Kennzahlenanalyse unterzogen werden. Es wird verdeutlicht, dass neben der Überschussnachfrage auch die extreme Niedrigzinsphase dazu beigetragen hat, dass die Immobilienpreise in den letzten Jahren in diesen Regionen erheblich an Wert zugenommen haben. Geringe Renditeaussichten bei sicheren Alternativanlagen und hohe Zuwanderungen haben zusätzlich in den Metropolregionen zu einer hohen Nachfrage nach Immobilien geführt. Durch die stark gestiegenen Preise können die Finanzstabilität und die Wohlfahrt einer Volkswirtschaft im Falle einer Preiskorrektur gefährden werden. Die folgende Analyse trägt dazu bei, den Markt auf diese Gefahr hin zu analysieren und eine falsche Preisentwicklung frühzeitig zu erkennen.

4.1 Die Price-Rent-Ratio

Die bekannteste Methode zum Erkennen einer spekulativen Preisblase auf dem Immobilienmarkt ist die Price-Rent-Ratio (PRR).[61] Diese bildet das Verhältnis zwischen dem Marktpreis der Immobilie zu den zukünftig diskontierten Mieten und ist einfach zu ermitteln, da sowohl die Kauf- als auch Mietpreisentwicklungen in vielen Datenbanken erfasst werden.[62] Daher wird die PRR in Analysen und bei den Gutachterausschüssen oft als Kennzahl herangezogen, um den Wert einer Immobilie zu bestimmen. Die PRR spiegelt die Auswirkungen der Miet- und Kaufpreisdynamik der Angebots- und Nachfrageseite wider und vereinfacht somit den Vergleich des heterogenen Immobilienmarktes.[63]

Ist der PRR-Wert zu hoch, sinkt die Nachfrage nach Immobilien und lässt den Kaufpreis fallen. Zeitgleich steigt die Nachfrage auf dem Mietmarkt und folgerichtig steigen die Mieten. Somit veranschaulicht die PRR die Anpassungsdynamik der Marktteilnehmer auf der Nachfrageseite, die auf dem Miet- und Käufermarkt besteht.

---

[61] Ähnelt dem Ertragswertverfahren, welches zur Bewertung von Unternehmen dient. Vgl. dazu Nölle, J. (2009), S.22.

[62] Zu erwähnen ist, dass die Bedeutung von Internetportalen wie ImmobilienScout24 in den letzten Jahren stark an Bedeutung gewonnen haben, da diese Plattformen hauptsächlich für private Wohnimmobilientransaktionen genutzt werden und somit auch regionale Unterschiede festgestellt werden können.

[63] Beispiele für die Heterogenität sind Qualitätsunterschiede bedingt durch den technischen Fortschritt, regionale Unterschiede oder auch Faktoren wie Migrationsbewegungen.

Die Preisdynamik auf der Angebotsseite kommt indirekt durch den von Tobin entwickelten Erklärungsansatz für die Investitionstätigkeit zur Geltung und dient dazu, die aktuelle Marktlage auf dem Bestands- und Neubaumarkt zu analysieren.[64] Dieser Ansatz verdeutlicht, dass der heutige Kaufpreis auf dem Bestandsmarkt das zukünftige Angebot des Neubaumarktes beeinflusst. Hohe Preise auf dem Bestandsmärkten führen somit zu zusätzlichen Investitionen im Neubarsektor und lassen die zukünftige PRR fallen. Diese Teilmärkte stehen also in direkter Konkurrenz zueinander.[65]

Durch die Angebots- und Nachfragedynamiken kommt es so zu einem „Mean-Reverting"-Prozess des PRR-Wertes, der sich so dem langfristigen Trend anpasst. Eine Preisblase nach diesem Kriterium liegt laut Himmelberg (2005) vor, wenn der Wert der PRR über einen längeren Zeitraum von dem langfristigen Trend abweicht.[66] Hinsichtlich der Aussagekraft ist zu bemängeln, dass sich die fundamentalen Faktoren ändern können und dies zu einer Fehlinterpretation des PRR-Wertes führen kann. Unter diesen Umständen wäre ein Preisanstieg als fundamental gerecht anzusehen.[67] Die PRR dient im Folgenden dazu einen Überblick hinsichtlich der Preisentwicklung und -unterschiede in den Metropolregionen auf dem deutschen Wohnimmobilienmarkt zu veranschaulichen.

4.2 Entwicklung der Price-Rent-Ratio seit 2004

Nach der allgemeinen Darstellung der PRR wird diese auf den deutschen Immobilienmarkt in den Metropolregionen angewendet. Bei der Kennzahl liegt nach Finicelli (2007) eine starke Fehlbewertung vor, wenn die PRR 40 Prozent vom historischen Durchschnitt oder 30 Prozent vom linearen Trend abweicht.[68]

In den Metropolregionen ist zudem die Gefahr durch den Leverage-Effekt, begünstigt durch einen Niedrigzins, erhöht. Ein Kauf wird dabei mit einer höheren Fremdkapitalquote zu geringen Zinsen finanziert.[69] Durch den Hebeleffekt kann die Eigenkapitalrendite der Investition gesteigert werden.[70] Bei steigenden Zinsen nimmt jedoch auch das Risiko des Kapitalverzehrs überproportional zu.

---

[64] Tobins q dient auch als eigene Kennzahl zum Erkennen von Preisblasen, siehe ausführlich dazu Nietsch, H. (2011), S.101ff.

[65] Vgl. Englund, P. und Ioannides, Y. (1997), S.126. sowie Henger, R., et al. (2011), S.3f.

[66] Vgl. Himmelberg, C. et al. (2005), S.72.

[67] Vgl. Rehkugler, H. und T. Rombach (2011), S.179ff.

[68] Finicelli, A. (2007), S.10.

[69] Vgl. für Leverage-Effekt Schierenbeck, H. und C. Wöhe (2008), S.89ff.

[70] Vgl. Henger, R. et al. (2012), S.3.

Neben der unterschiedlichen Preisentwicklung zwischen den Metropolen werden auch die Preisunterschiede zwischen Alt- und Neubauten herausgearbeitet.

Die Kauf- und Mietpreisdaten von 2004 bis 2016 in Quartalen wurden von der empirica-Preisdatenbank bereitgestellt und basieren auf inserierten Angebotspreisen. Die Preise werden dabei in Euro/m², in hedonischen Preisen für eine Eigentumswohnung (ETW) mit einer Größe von 60-80m² und einer guten Ausstattung dargestellt.[71] Der Vorteil von hedonischen Preisen ist, dass Qualitätsunterschiede bezüglich des Baualters oder der Wohnungsgröße berücksichtigt werden.

Vor allem ETW stellen in Deutschland den größten Anteil an Wohngebäuden und die Preise sind deutlich gestiegen.[72] Dieses Segment gilt darüber hinaus als sehr transparent und liquide und hat somit den Charakter eines Anlagemotivs.[73] Für die Bildung einer Preisblase spielt dieses Motiv dabei eine besondere Rolle. So stellen Case und Shiller (2003) klar, wenn das reine Investitionsmotiv in den Vordergrund rückt, ist dies ein klares Anzeichen einer Blasenbildung.[74]

Für eine einheitliche Berechnung der PRR wurde im Folgenden eine Wohnungsgröße von 70m² in den entsprechenden Metropolregionen zugrunde gelegt.

[71] Die entsprechenden Fallzahlen für die Miet- und Kaufpreise für ETW in der entsprechenden Region befinden sich im Anhang B in Tabelle 9 und 10.

[72] Statistische Ämter des Bundes und der Länder (2015), S.8.

[73] Siehe für Doppelcharakter der Immobilie Rombach, T. S.196.

[74] Vgl. Case, K. und R. Shiller (2003), S.321.

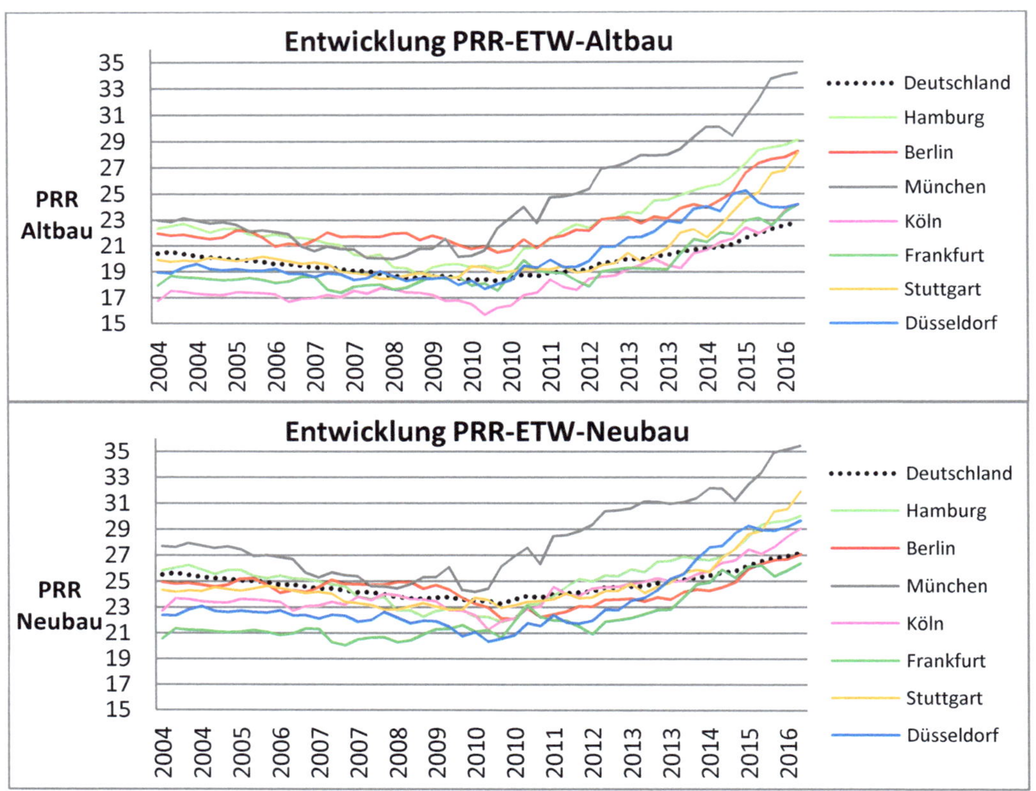

Abbildung 5: Entwicklung der Price-Rent-Ratio in deutschen Metropolen. empirica-Preisdatenbank, eigene Berechnung.

In Abbildung 5 wird ersichtlich, dass bereits die Differenzierung zwischen Alt- und Neubauten zu Unterschieden der PRR führt. So beträgt der Mittelwert der PRR in den Metropolregionen innerhalb des Beobachtungszeitraums bei einer Altbauwohnung 21,12 und bei den Neubauwohnungen 24,59. Demnach ist die PRR einer Neubauwohnung im Schnitt um 3,47 Punkte höher als eine vergleichbare Altbauwohnung. Der deutschlandweite durchschnittliche PRR betrug während des Zeitraums 19,78 im Altbausektor und 24,72 im Neubausektor und lag damit sogar leicht über denen der Metropolregionen. Diese Werte werden im Folgenden als langfristiger Durchschnitt angesehen und daher als Identifikationsgröße einer Preisblase dienen. Ebenfalls wird ersichtlich, dass wie bei dem Kreditvolumen, ein deutlicher Anstieg der PRR während der Niedrigzinsphase zu verzeichnen ist. Die gleiche Entwicklung bestätigt somit, dass sich Immobilienpreis und Kreditvolumen kongruent entwickeln.

Neben den Metropolstädten ist die durchschnittliche Entwicklung von Deutschland durch die gepunktete Linie gekennzeichnet. Es zeigt sich, dass sich die Preise in den Metropolregionen bis 2010 sowohl im Neu- als auch Altbausektor konstant und teils rückläufig entwickelten und unter dem bundesweiten Durchschnitt lagen. Erst mit Einsetzen der Niedrigzinsphase kam es zu erheblichen Preissteigerungen in den Metropolregionen und zuletzt überstiegen alle Metropolregionen die bundesweit durchschnittliche PRR bei Altbauwohnungen. Ein ähnliches Bild ist auch im Neubausektor zu verzeichnen, in dem 2016 nur noch Frankfurt unterhalb der durchschnittlichen PRR verlief.

Das Frankfurt eine eher geringe PRR aufweist, liegt an den bereits deutlich höheren Mieten im Vergleich zu den anderen Städten. So betrug die durchschnittliche Miete einer ETW seit 2004 bei Neubauten 10,99€/m² und bei Altbauten 9,65€/m². Zum Vergleich kostete die durchschnittliche Miete in Berlin seit 2004 lediglich 8,45€/m² für einen Neubau und 6,13€/m² für einen Altbau.

Die Stadt München nimmt eine gesonderte Stellung innerhalb den Metropolen ein. Als einzige Stadt verläuft die PRR über den gesamten Beobachtungszeitraum sowohl im Alt- wie auch Neubausektor über den bundesweiten Durchschnitt und erreichte zuletzt im Neubausektor eine PRR von 35,42.

Tabelle 2 zeigt die PRR für die Top-7 im Neubausektor im zweiten Quartal 2016 und gibt die Abweichungen vom langfristigen Durchschnitt an.[75]

Städte	PRR-Neubau$_{2016}$	Langfristiger Durchschnitt	Absolute Abweichung	Abweichung in %	Preisblase nach Finicelli
Deutschland	27,17	24,72	2,45	9,91%	Nein
Hamburg	30	-	5,28	21,36%	Nein
Berlin	27,06	-	2,34	9,47%	Nein
München	35,42	-	10,7	43,28%	Ja
Köln	29,03	-	4,31	17,44%	Nein
Frankfurt	26,34	-	1,62	6,55%	Nein
Stuttgart	31,87	-	7,15	28,92%	Nein
Düsseldorf	29,62	-	4,9	19,82%	Nein

Tabelle 2: PRR für ETW-Neubau in Metropolregionen.
empirica- Preisdatenbank, eigene Berechnung.

Folgt man der Definition von Finicelli (2007) liegt eine deutliche Fehlbewertung im Neubausektor ab einer PRR von 34,61 vor. Somit kann man sagen, dass zumindest nach diesem Kriterium die Kaufpreise für Neubauwohnungen in München überbewertet sind. Alle anderen Städte, bis auf Frankfurt und Berlin, verzeichnen ebenfalls einen starken Anstieg der PRR seit Beginn der Niedrigzinsphase, wobei die 40 Prozentmarke nicht überschritten wird.

Ein etwas anderes Bild zeigt der Altbausektor, was Tabelle 3 verdeutlicht.

---

[75] Alle folgenden PRR beziehen sich auf das Jahr 2016 im 2. Quartal.

Städte	PRR-Altbau$_{2016}$	Langfristiger Durchschnitt	Absolute Abweichung	Abweichung in %	Preisblase nach Finicelli
Deutschland	22,79	19,78	3,01	15,22%	Nein
Hamburg	29,06	-	9,28	46,92%	Ja
Berlin	28,19	-	8,41	42,52%	Ja
München	34,17	-	14,39	72,75%	Ja
Köln	24,16	-	4,38	22,14%	Nein
Frankfurt	24,19	-	4,41	22,30%	Nein
Stuttgart	28,09	-	8,31	42,01%	Ja
Düsseldorf	24,18	-	4,4	22,24%	Nein

Tabelle 3: PRR für ETW-Altbau in Metropolregionen.
empirica- Preisdatenbank, eigene Berechnung.

Der Altbausektor gilt nach Finicelli bereits ab einem Wert von 27,7 als überbewertet. Auch hier nimmt München eine besondere Stellung ein und verzeichnet eine Abweichung von 72,75 Prozent, sodass man gar von einer drastischen Übertreibung sprechen kann. Den wesentlichen Unterschied zum Neubausektor erkennt man daran, dass nun auch Stuttgart, Berlin und Hamburg eine Abweichung von über 40 Prozent des langfristigen Durchschnitts aufweisen. Lediglich in den Städten Köln, Frankfurt und Düsseldorf, welche allesamt eine nahezu identische Abweichung von ~22 Prozent besitzen, liegt demnach keine Überbewertung vor. Zu einem ähnlichen Ergebnis kam auch der Zentrale Immobilien Ausschuss (ZIA) in dem Frühjahrsgutachten 2017. Es wird davon gesprochen, dass insbesondere in München und Berlin die Kaufpreise in keiner Weise in Relation zu den dort vorliegenden Rahmenbedingungen stehen.[76]

Dass es zu erheblichen Unterschieden zwischen den Metropolregionen kommt, liegt an einer Vielzahl von Faktoren. Beispielsweise haben die Wirtschaftskraft einer Region, die vergangene Preisentwicklung, der begrenzte Raum für Neubau und weitere Eigenschaften, welche die Standortattraktivität steigern, einen erheblichen Einfluss auf die Preise. So zählt etwa der Stuttgarter Raum zu den wirtschaftsstärksten im Bundesgebiet.[77] Aber auch Universitätsstädte verzeichnen einen hohen Preisanstieg, da die Zahl der Studierenden in den letzten Jahren erheblich gestiegen ist und so der Wohnraum in diesen Regionen knapp ist.

Problematisch an diesem Ergebnis erscheint, dass der Neubausektor lediglich 2 Prozent des gesamten Immobilienkapitals ausmacht, wohingegen 98 Prozent auf

---

[76] Vgl. Feld, L. et al. (2017), S.13.
[77] Vgl. Gaebe, W. (2004), S.1ff.

den Altbausektor entfallen.[78] Somit kann man davon ausgehen, dass neben München auch die Preise in Hamburg, Berlin und Stuttgart überdurchschnittlich hoch sind. Daher weist die deutsche Bundesbank (2017) daraufhin, dass es zuletzt in den Städten zu einer 15-30 prozentiger Preisabweichung kam.[79]

Nach der Kennzahlenanalyse für Gesamtdeutschland ist im Gegensatz dazu sowohl im Neu- als auch Altbausektor lediglich eine Abweichung von ~10 beziehungsweise ~15 Prozent zu ermitteln. Folglich kann für diesen Fall keine Preisblase diagnostiziert werden.

Verfolgt man den Trend seit der Niedrigzinsphase, kann man davon ausgehen, dass sich die Preise in naher Zukunft ähnlich weiterentwickeln werden, da in nächster Zeit keine plötzliche Zinswende durch die EZB zu befürchten ist.[80] Auch der Nachfrageüberschuss wird bis zu der erwartenden Angebotsausweitung und dem demographisch bedingten Nachfragerückgang weiter anhalten. Der starke Anstieg der PRR signalisiert, dass die Preisdynamik in den Metropolregionen deutlich vor der Mietpreisdynamik liegt. Es bleibt abzuwarten, ab welchem Kaufpreis die Nachfrage nach Immobilien abnehmen und der Mietmarkt wieder an Attraktivität gewinnen wird. Erst dann kommt es zu dem erwähnten „Mean-Reverting"-Prozess. Allerdings ist die Mietpreisdynamik durch die zuletzt getroffene Maßnahme der Mietpreisbremse deutlich eingeschränkt worden. Eine staatliche Intervention kann die freie Marktfindung einschränken und den vorher gut funktionierenden Mietmarkt in Deutschland zukünftig stark beeinflussen. Ob dies letztlich eintritt, hängt wesentlich von der zukünftigen Ausgestaltung des Mietpreisspiegels ab.[81]

Auch gilt es abzuwarten, wie sich der zuletzt große Bauüberhang auf die Preisdynamik auswirkt. So hat der ZIA festgestellt, dass vor allem in Berlin im nächsten Jahr eine fünffache Jahresproduktion an Wohnungen bereitgestellt wird. Aber auch in den anderen Metropolregionen wird deutlich mehr Wohnraum fertiggestellt als dies normalerweise der Fall ist.[82]

Wie bereits erwähnt haben sich die Immobilienpreise im langfristigen Vergleich in Deutschland moderat entwickelt. Somit kann es aufgrund der langjährigen Stagnation auch um eine allgemeine Preiskorrektur nach oben handeln.

---

[78] Vgl. Nitsch, H. (2011), S.105.
[79] Vgl. Deutsche Bundesbank (2017).
[80] Vgl. Europäische Zentralbank (2017).
[81] Vgl. Steffen, S. und O. Lerbs (2016), S.350ff.
[82] Vgl. Feld, L. et al. (2017), S.14.

4.3 Die Selbstnutzerkosten

Eine weitere Kennzahl, die neben dem Hauspreis und den Mieten auch die Finanzierungsbedingungen sowie die institutionellen Rahmenbedingungen berücksichtigt, ist der sogenannte User Cost of Housing Approach, der von Poterba (1984) konzipiert wurde.[83] Diese Kennzahl wird vor allem in der aktuellen Literatur verwendet, da sie Auskunft darüber gibt, ob eine selbstgenutzte Immobilie die günstigere Alternative als das Wohnen zur Miete darstellt.[84] Der Ansatz der SNK ermittelt somit eine Kaufempfehlung sobald die Konditionen für einen Immobilienkauf günstiger sind als die jährlichen Mietkosten. Durch die zuletzt starken Preissteigerungen in den Metropolen erscheint diese Kennzahl für den Vergleich zwischen den Städten besonders geeignet, da die Auswirkungen veränderter institutioneller Rahmenbedingungen, wie der Steuer- oder Zinssätze können dabei untersucht werden.

Die Formel der SNK setzt sich aus mehreren Teilen zusammen und wird kurz dargestellt und erläutert.[85]

$$SNK_t = P_t * r_t^f + P_t * \omega_t - P_t * \tau_t(r_t^m + \omega_t) + P_t * \eta_t - P_t * g_{t+1} + P_t * \upsilon_t \tag{4.1}$$

SNK_t: jährliche Selbstnutzungskosten	P_t: Hauspreis
r_t^f: risikoloser Zinssatz	r_t^m: Hypothekenzinssatz
ω_t: (Grunderwerb-)Steuersatz	η_t: Instandhaltungskosten
τ_t: Grenzsteuersatz des Einkommens	υ_t: Risikoprämie
g_{t+1}: Häuserpreiswachstum/ -verlust in t+1	

Die jährlichen SNK in Periode t sind wie folgt bestimmt: Der Kaufpreis P_t wird mit einem risikolosen Zinssatz r_t^f multipliziert. Dieser stellt die Opportunitätskosten des Geldes dar, da der Investor mit dem benötigten Kapital für den Hauskauf nicht mehr in eine Alternativanlage mit einer Rendite von r_t^f investieren kann. Der zweite Teil spiegelt die Grunderwerbsteuer, die bei einem Hauskauf anfällt, wider.[86] Der dritte Term $P_t * \tau_t(r_t^m + \omega_t)$ soll den finanziellen Vorteil eines fremdfinanzierten Kaufes darstellen. Voraussetzung ist die steuerliche Abzugsfähigkeit der Hypothekenzinsen und der Grunderwerbsteuer, welche in Deutschland nur bei

---

[83] Siehe dazu Poterba, J. (1984).

[84] Vgl. Voigtländer, M. und B. Seipelt (2016), Schier, M. und M. Voigtländer (2015), Finicelli, A. (2007), Girourad, N. et al. (2006), sowie Himmelberg, et al. (2005).

[85] In Anlehnung an Rehkugler, H. und T. Rombach (2011), S.183f., sowie Schier, M. und M. Voigtländer (2015), S.60ff.

[86] Dabei ist zu beachten, dass die Grunderwerbsteuer seit dem 1.9.2006 nach Art. 105 Abs. 2a Satz 2 GG von den Bundesländern festgelegt wird und somit die Höhe der Steuer variiert.

einer fremdgenutzten Immobilie möglich ist.[87] Die vierte Komponente stellt die jährlich anfallenden Instandhaltungskosten als Anteil des Kaufpreises dar. Auch der Wertzuwachs/ -verlust in der nächsten Periode wird durch den Term $P_t * g_{t+1}$ berücksichtigt und senkt/ erhöht die SNK. Die letzte Komponente $P_t * v_t$ ist die Risikoprämie, die das erhöhte Risiko im Vergleich zum Mieten beschreibt.

Das Gleichgewicht auf dem Wohnimmobilienmarkt existiert demnach, wenn die jährlichen Kosten des Immobilienerwerbs den Kosten des Mietens entsprechen:

$$M_t = P_t * u_t \tag{4.2}$$

M_t: jährliche Mietkosten P_t: Hauspreis

u_t: $r_t^f + \omega_t - \tau_t (r_t^m + \omega_t) + \eta_t - g_{t+1} + v_t$,

wobei u_t den SNK entspricht.

Auch hier wird die Nachfragedynamik zu einem „Mean-Reverting"-Prozess führen. Falls die SNK höher sind als die Mieten, wird die Nachfrage nach Mietwohnungen ansteigen und die Preise der Immobilien werden sich nach unten anpassen.

Damit die Kennzahl zur Erkennung von Preisblasen dienen kann, muss die Formel 4.2 nochmals umformuliert werden. Die Inverse des User Cost wird dem PRR gleichgestellt.

$$\frac{1}{u_t} = \frac{P_t}{M_t} \tag{4.3}$$

Infolge dessen führt eine Zinssenkung zu einer unmittelbaren Veränderung der Kennzahl, da die Opportunitätskosten geringer ausfallen. Dadurch bedingt steigt die Nachfrage nach Wohneigentum und lässt die Immobilienpreise steigen. Diese Dynamik lässt die PRR ansteigen und kann nach Himmelberg et al. (2005) so zu einer fundamental begründeten Preisanpassung der PRR führen: „Thus, fluctuations in user cost (caused, for example, by changes in interest rates and taxes) lead to predictable changes in the price-to-rent ratio that reflect fundamentals, not bubbles."[88] Somit kann der Ansatz das fundamentale Bewertungsniveau von Immobilien begründen.

Nach Girouard et al. (2006) liegt eine Preisblase vor, wenn sich die beiden Kennzahlen über einen längeren Zeitraum auseinander entwickeln. "The difference

---

[87] Vgl. Lindauer, L. (2010), S.36.

[88] Vgl. Himmelberg, C. et al. (2005), S.75f.

between the two series may be considered as an approximate indicator of overvaluation [...]"[89].

Insgesamt dient dieser Ansatz somit vor allem der Erkennung von Preisblasen auf lange Sicht und ist eine Kennzahl, die viele fundamentale Faktoren berücksichtigt. Da durch die empirische Analyse in Kapitel 3 eine Zinsänderungswirkung bezüglich des Hypothekenkreditvolumens untersucht wurde und der SNK Ansatz die Zinsentwicklung berücksichtigt, ist die Anwendung der Kennzahl auf den deutschen Immobilienmarkt sinnvoll.

4.4 Entwicklung und Prognose der Selbstnutzerkosten

Durch die Berücksichtigung von institutionellen Faktoren kann mit dem Ansatz der SNK auch die untersuchte Zinswirkung und deren Entwicklung explizit in der Berechnung berücksichtigt werden. Mit der PRR wurde die Entwicklung der vergangenen Jahre am deutschen Immobilienmarkt dargestellt. Mit dem SNK-Ansatz soll nun auch die zukünftige Entwicklung bis 2019 unter zwei Szenarien gezeigt werden. Es ist zu prüfen, ob die zuletzt stark gestiegene PRR auf die geänderten Rahmenbedingungen zurückzuführen ist und als fundamental angesehen werden kann.

Für die Anwendung auf den deutschen Immobilienmarkt ist eine Umformung von Gleichung (4.1) sinnvoll, da der Abzug der Hypothekenzinsen für die selbstgenutzte Immobilie in Deutschland nicht zulässig ist. Weiter fällt in (4.1) keine Steuer auf die Kapitalerträge an:[90]

$$SNK_t = (1 + \omega t) * P_t(\rho * r_t^m + [1 - \rho] r_t^f * [1 - \tau_t] + \eta_t - g_{t+1}) \qquad (4.4)$$

ρ: Anteil der Fremdfinanzierung τ_t :Abgeltungsteuer

Der Anteil $[1 - \rho]$ des Immobilienpreises, welcher mit Eigenkapital finanziert wurde, stellt die Opportunitätskosten dar. Jedoch unterliegen die Zinsen der Alternativanlage nun auch dem Abgeltungssteuersatz von 25 Prozent, sodass die Opportunitätskosten und somit die SNK im Vergleich zu (4.1) sinken.[91]

Bei dem SNK ist zu beachten, dass die Größe einzelner Parameter nicht wissenschaftlich bewiesen ist. Die Höhe der Risikozuschlages oder des angesetzten Wertzuwachs der Immobilie in den Folgeperioden ist objektiv nicht zu belegen. Himmelberg (2005) stützt sich bei der Berechnung der Risikoprämie auf Flavin

[89] Girouard, N. et al. (2006), S.21f.

[90] In Anlehnung an Schier, M. und M. Voigtländer (2015), S.60.

[91] Für den Zeitraum vor 2009 wurde aus Vereinfachungsgründen ebenfalls dieser Steuersatz unterstellt. Bis 2008 wurden Kapitaleinkünfte mit dem individuellen Einkommensteuersatz besteuert.

und Yamashite (2002), welche verschiedene Risikoaversionen in Ihrer Berechnung für Portfolios angesetzt haben und setzen für einen risikoaversen Marktteilnehmer einen Wert von zwei an.[92] Da die Ermittlung des „wahren" Wertes allerdings nicht eindeutig bestätigt ist, wird die Risikoprämie bei der folgenden Darstellung nicht berücksichtigt.[93]

Die Höhe des Wertzuwachses stellt ebenfalls eine kritische Größe dar, da ein zukünftiger Wertzuwachs genau dem Verhalten einer Preisblase entspricht. Die folgenden Szenarien basieren daher auf dem durchschnittlichen jährlichen Wertzuwachs einer ETW jeder Metropolregion zwischen den Jahren 2004 bis einschließlich 2010. In diesem Zeitraum haben sich die Immobilienpreise in Deutschland sehr moderat entwickelt, sodass man von einem konservativen Ansatz sprechen kann. Dennoch erkennt man bei Betrachtung der durchschnittlichen Wertzuwächse zwischen 2004-2010 schon erhebliche regionale Unterschiede, was die Heterogenität der Teilmärkte widerspiegelt.[94] Zudem üben die zukünftigen Wertzuwächse einen deutlichen Einfluss auf die SNK aus. In Städten, welche eine höhere Wertsteigerung verzeichnen, fallen die SNK entsprechend kleiner aus, da g_{t+1} als negativer Term in die SNK eingeht.

Für die Instandhaltungskosten wurde ein Wert von zwei Prozent angesetzt, welcher der steuerlichen Abschreibungshöhe für Gebäude die nach 1924 fertiggestellt wurden, entspricht.[95] Die Grunderwerbsteuer variiert dabei je nach Bundesland.[96] Zudem wurden die Steuerumstellungen der Bundesländer seit 2006 berücksichtigt. Die Beleihungsquote beträgt bei der folgenden Berechnung 60 Prozent des Kaufpreises und entspricht so der Höhe des Pfandbriefgesetzes.[97] Für die Hypothekenzinsen wurden wie in Kapitel 3 die Effektivzinssätze für Wohnungsbaukredite mit einer Zinsbindungsfrist von fünf bis zehn Jahren verwendet. Der Zins der Alternativanlage folgt den Zinsen für Bundeswertpapiere mit zehnjähriger Laufzeit.[98] Der Abgeltungssteuersatz beträgt 25 Prozent.

Um eine Zinswirkung bei dem SNK zu verdeutlichen, wurden zwei unterschiedliche Szenarien berechnet. Bei dem ersten Szenario wird kein Zinsanstieg angenommen während bei dem zweiten Szenario ab dem zweiten Quartal 2016 ein

---

[92] Vgl. Himmelberg et al. (2005), S.76, sowie Flavin, M. und T. Yamashita (2002), S.352ff.
[93] Auch Schier, M. und M. Voigtländer (2015) lassen die Risikoprämie unberücksichtigt.
[94] Siehe für prozentuale Wertzuwächse zwischen 2004-2010 im Anhang C Tabelle 11.
[95] Vgl. dazu Brügelmann, R. et al. (2013), S.2.
[96] Vgl. Mensch, S. (2015), S.2f.
[97] Vgl. Kapitel 3.2.
[98] Vgl. Deutsche Bundesbank (2017b), Zeitreihenkennung: BBK01.WZ9826 .

Zinsanstieg von 0.15 Basispunkten pro Quartal unterstellt wird. Bis zum ersten Quartal 2019 steigt dadurch der Fremdkapitalzins auf 3,28 Prozent und der Zins der Bundesanleihen liegt bei 2,11 Prozent. Für die SNK bedeutet das zweite Szenario, dass die Opportunitätskosten steigen und der Kauf einer Immobilie unattraktiver ist. In der Formel (4.3) führt dies zu einem Absinken der PRR, da der Kaufpreis durch den Nachfragerückgang sinkt.

Um eine einheitliche Analyse zu gewährleisten, wird wie im Kapitel 4.2 auf die empirica-Preisdatenbank zurückgegriffen und eine Wohnungsgröße von $70m^2$ unterstellt. Da bei der Untersuchung der PRR vor allem der Altbausektor von den Preisabweichungen betroffen war und dieser den größten Anteil des Immobilienkapitals ausmacht, bezieht sich der SNK-Ansatz lediglich auf diesen Sektor.

Weil die Kennzahl Aufschluss darüber gibt, ob der Kauf einer Immobilie die günstigere Alternative im Vergleich zum Mieten ist, wird neben der Entwicklung der SNK auch die jährliche Mietpreisentwicklung dargestellt. Hinsichtlich der Prognose wurde angenommen, dass die zukünftigen Mieten pro Quartal um 0,25 Prozent anwachsen. Dies entspricht einem Wachstum von einem Prozent pro Jahr, was wiederum der Hälfte der angestrebten Inflationsrate der EZB entspricht und als realistische Annahme gelten kann.

Abbildung 6 gibt einen Überblick über die Miet- und Selbstnutzerkosten der Metropolregionen im zweiten Quartal 2016. Dies verdeutlicht, dass die SNK nicht in allen Städten das gleiche Muster aufweisen und die Diskrepanz zwischen Miet- und SNK in den Metropolregionen unterschiedlich ausfällt.[99]

[99] Siehe für exakte Werte der Miet- und SNK im zweiten Quartal 2016 Anhang C, Tabelle 12.

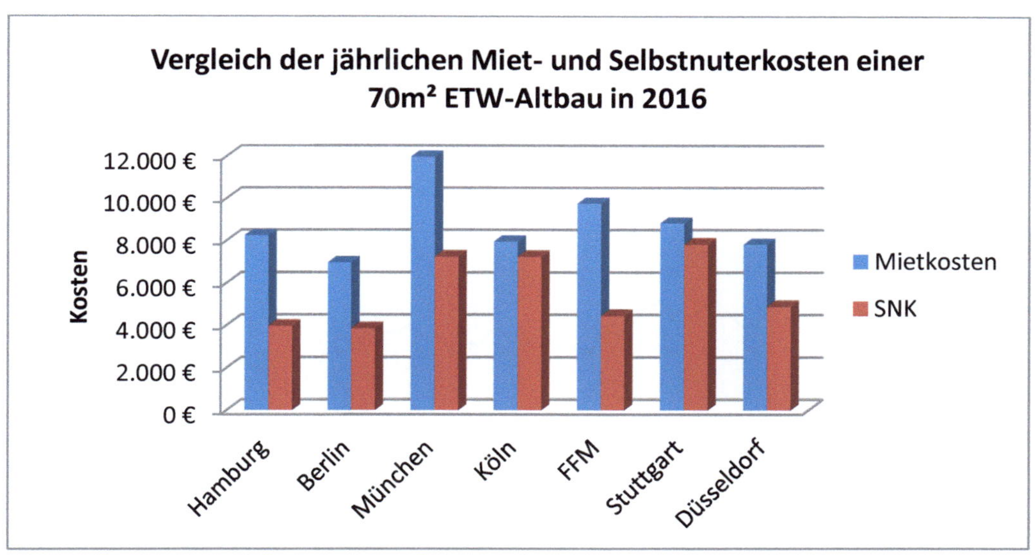

Abbildung 6: Vergleich der jährlichen Miet- und Selbstnutzerkosten einer ETW in den Metropolregionen.
empirica-Preisdatenbank, eigene Berechnung und Darstellung.

In Berlin liegen sowohl die SNK als auch Mietkosten deutlich unter denen von München. Die geringen SNK in Berlin sind vor allem auf die im Vergleich zu den anderen Metropolregionen günstigeren Kaufpreise zurückzuführen. In Stuttgart ist die Diskrepanz zwischen Miet- und SNK geringer als in Frankfurt. In Hamburg sind die SNK niedriger als in Köln oder Stuttgart. Neben den allgemein unterschiedlichen Preisen fallen auch die verschieden hohen Grunderwerbsteuersätze ins Gewicht. Zudem wird ersichtlich, dass der unterschiedlich hohe Wertzuwachs sich deutlich in den SNK ausdrückt. In Köln haben sich die Preise in dem Zeitraum von 2004-2011 sogar rückläufig entwickelt und folgerichtig liegen die SNK höher als in den Regionen mit einem hohen Wertzuwachs wie Hamburg, Berlin oder Frankfurt. Auch der Unterschied zwischen SNK und Mietkosten fällt in Köln dadurch geringer aus. Dies begründet letztlich die geringe Anpassungsdynamik der PRR in Köln.

Im Folgenden wird beispielhaft die Entwicklung der SNK für München ab dem Jahr 2004 dargestellt und erläutert.[100]

[100] Die graphische Analyse für die weiteren Metropolregionen befindet sich im Anhang C.

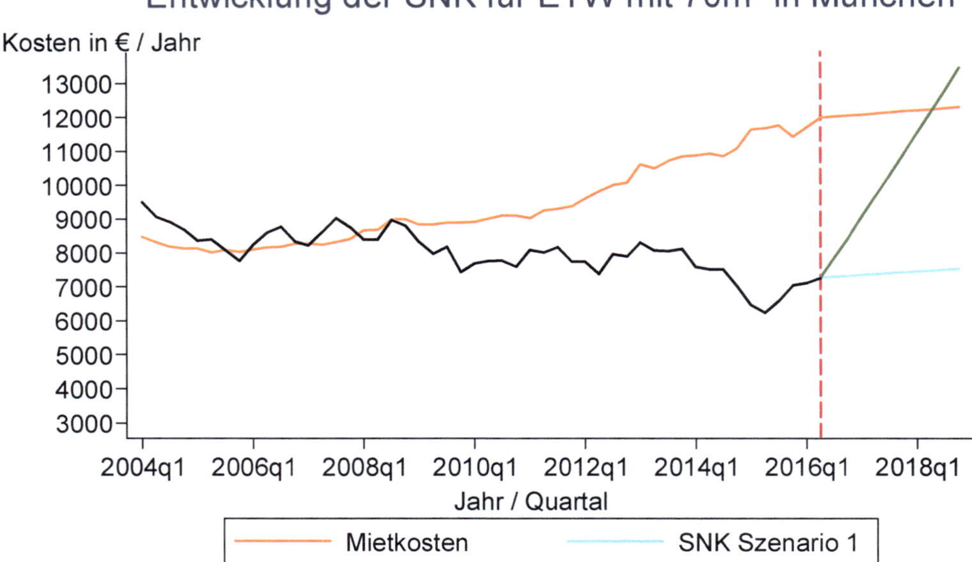

Abbildung 7: Entwicklung der Selbstnutzerkosten in München. empirica-Preisdatenbank, eigene Berechnung.

In Abbildung 7 ist zu erkennen, dass anfänglich die SNK in München über den Mieten lagen. Dies führte zu einer geringfügigen Anpassung des PRR von ~23 auf eine PRR von ~20.[101] Ab 2006 verliefen die SNK und Mieten nahezu kongruent, sodass sich bis 2009 für die PRR nahezu identische Werte von ~20 ergaben. Durch die Finanzkrise kam es anschließend zu deutlichen Zinssenkungen. Dies hatte zur Folge, dass sowohl die Finanzierungskosten als auch die Renditen alternativer Anlagen fielen. Dieser Prozess drückte die SNK schließlich unter die jährlichen Mietkosten. Vergleicht man die Entwicklung der PRR erkennt man seit 2010 einen kontinuierlichen Anstieg. Da die SNK seit der Niedrigzinsphase unter den jährlichen Mietkosten liegen, führt dies zu einem Nachfrageanstieg und äußert sich in Immobilienpreissteigerungen. Bei einer gleichzeitig hohen Nettozuwanderung in Deutschland seit 2015 konnte das Angebot nicht im gleichen Ausmaß reagieren und hat die PRR in München bis zum zweiten Quartal 2016 auf den Höchststand von 34,17 getrieben.

Die unterschiedliche Entwicklung der SNK nach dem zweiten Quartal 2016 zeigen die beiden Szenarien. Das erste Szenario zeigt eine anhaltende Niedrigzinspolitik der EZB aufgrund der problematischen Wirtschaftsentwicklung der südeuropäischen Länder. Es wird ersichtlich, dass die SNK auch zukünftig deutlich unter

[101] Siehe für die Entwicklung der PRR im Anhang C, Tabelle 7.

den jährlichen Mietkosten verlaufen und es zu weiteren Preissteigerungen kommen kann.

Das zweite Szenario, welches steigende Zinsen unterstellt, zeigt eine gegenläufige Entwicklung der SNK. Neben den steuerlichen Aspekten wird der große Einfluss der Zinswirkung bei dieser Kennzahl deutlich. Bei einem Zins von ~2,9 Prozent für Wohnungsbaukredite und einem Zins von ~1,7 Prozent für Anleihen kommt es in München zwischen dem zweiten und dritten Quartal 2018 zu einem Schnittpunkt mit den Mietkosten. Sollten die Zinsen über diesen Punkt hinaus steigen, kann es zu einem Nachfragerückgang und somit auch zu einem verharren oder absinken der PRR kommen. Wie stark die PRR reagiert hängt davon ab, wie sich der Verlauf der SNK und Mieten entwickelt. Schier und Voigtländer (2015) sind der Ansicht, dass lediglich eine Abweichung dieser Größen von mehr als zehn Prozent eine Anpassungsdynamik der PRR auslöst.[102] Folgt man dieser Definition, ist der Anstieg der PRR in München aufgrund der Zinssenkungen zu erklären, da die Mietkosten im zweiten Quartal 2016 ~40 Prozent höher lagen als die SNK. Dennoch sollte in München aufgrund der in Kapitel 4.2 festgestellten langfristig sehr starken Abweichung des PRR vom Durchschnitt die Preisentwicklung genau beobachtet werden. Sollten die Preise auch bei einer Zinswende weiter ansteigen, muss man spätestens ab einen Zinssatz, bei dem die SNK über die Mietkosten steigen, mit einer Preiskorrektur rechnen. Kurzfristig kann man allerdings davon ausgehen, dass es nicht zu einer abrupten Preiskorrektur aufgrund einer Zinserhöhung durch die EZB kommen wird. Da sich der Leitzins der EZB jedoch auch an der Zinspolitik der FED orientiert, wird mittelfristig eine Zinswende wahrscheinlich.

Die Metropolregionen Berlin, Hamburg, Düsseldorf und Frankfurt weisen ein ähnliches Bild auf wie München.[103] Vor allem die Entwicklung der SNK verlief bis 2009 nahezu identisch mit den Mietkosten, sodass sich die PRR konstant oder sogar rückläufig entwickelte. Eine Sonderstellung in der Gruppe nimmt Frankfurt ein, da hier die SNK von Beginn an unterhalb der Mietkosten liegen. Dies ist darauf zurückzuführen, dass die Mieten in Frankfurt im Vergleich zu den anderen Städten frühzeitig deutlich höher lagen. Somit kam es, bis auf wenige Ausnahmen, zu einem kontinuierlichen Anstieg des PRR in Frankfurt.

---

[102] Vgl. Schier, M. und M. Voigtländer (2015), S.66f.

[103] Vgl. für die graphische Darstellung der übrigen Regionen, Anhang C Abbildung 8 bis 13.

Es zeigt sich jedoch, dass keine der Städte dieser Gruppe im zweiten Szenario einen Schnittpunkt mit den Mietkosten hat. Somit fällt die Höhe der Zinsen bei denen die SNK den Mietkosten entsprechen, unterschiedlich aus. In den Regionen, welche keinen Schnittpunkt aufweisen, ist die Preisentwicklung robuster bezüglich eines Zinsanstieges. Führt man das Szenario für Berlin weiter, wird der Schnittpunkt im ersten Quartal 2019 bei einem Kreditzins in Höhe von ~3,3 Prozent und einem Anleihezins ~2,1 Prozent erreicht. In Hamburg wird der Schnittpunkt sogar erst im zweiten Quartal 2019 bei den Zinsen von ~3,4 und ~ 2,3 Prozent realisiert. In den Städten, in denen Mieten und SNK prozentual stärker auseinanderfallen, tritt die Reaktion der PRR auf einen Zinsanstieg später ein, als in den Städten, in denen die Mieten und die SNK nicht so weit auseinander liegen. Zudem wird deutlich, dass der Abstand zwischen SNK und Mietkosten ebenfalls für eine höhere Preisdynamik der PRR entscheidend ist.

Für Köln und Stuttgart liegt der Schnittpunkt bereits Anfang 2017 bei Zinsen in Höhe von ~2,1 Prozent und ~0,9 Prozent. In Köln ist vor allem die rückläufige Preisentwicklung zwischen 2004-2010 dafür verantwortlich, dass der Unterschied zwischen Miet- und SNK im zweiten Quartal 2016 so gering ausfiel. Es ist darauf hinzuweisen, dass in Köln die PRR im zweiten Quartal 2016 vergleichsweise niedrige Werte aufweist und daher die Gefahr fallender Preise durch eine Zinswende überschätzt wird.[104] Im Gegensatz dazu weist Stuttgart seit Mitte 2014 eine deutlich höhere Dynamik der PRR auf und erreicht im zweiten Quartal 2016 einen Wert von 28,09, obwohl der prozentuale Unterschied im zweiten Quartal 2016 nur 11,23 Prozent zwischen SNK und den Mietkosten betrug. Dass der Anstieg der PRR trotz dieser geringeren Abweichung so stark ausfiel, könnte bedeuten, dass dieser Prozess nicht nach den Kriterien der SNK zu erklären ist. Somit ist der Anstieg auf andere Faktoren, wie einem wirtschaftsstarken Raum oder einer hohen Nettozuwanderung, zurückzuführen. Im Zuge eines Zinsanstieges könnte es in Stuttgart folglich zu einer Preiskorrektur kommen.

Die Analyse der SNK hat ergeben, dass der Anstieg der PRR in den meisten Fällen aufgrund des Zinsrückgangs zu erklären ist. Die Zinsen haben dabei den Preisanstieg mehr als überkompensiert. Durch eine Zinswende kann es allerdings zu einem gegenläufigen Verlauf der SNK kommen. Diese liegen jedoch zum jetzigen Zeitpunkt in allen Metropolregionen meist deutlich unter den Mietkosten,

[104] Vgl. Anhang C, Abbildung 10.

sodass man keine plötzliche Preiskorrektur erwarten muss. Lediglich in Köln und Stuttgart führt ein relativ geringer Zinsanstieg zu einer gegenläufigen Entwicklung der PRR mit der Folge, dass es zu einem Preisverfall bei Immobilien kommen kann. Mit Blick auf die Ergebnisse in Tabelle 3 ist das Risiko in Stuttgart jedoch deutlich höher einzuschätzen.

Der zuletzt starke Preisanstieg wurde dabei durch einen Nachfrageüberhang in den Metropolregionen verstärkt. Schließlich liegen auch im internationalen Vergleich die Preise in den Metropolregionen um ein Vielfaches unter dem internationalen Durchschnitt, sodass der Preisanstieg eher als Nachholeffekt angesehen werden kann.

5. Fazit

Es hat sich gezeigt, dass auf dem konservativ aufgebauten deutschen Finanzierungsmarkt mit festen Zinsen, langen Zinsbindungen und hohen Eigenkapitalquoten die Resonanz der Zinsen auf den Immobilienmarkt geringer ausfällt als in Ländern mit einer variablen Verzinsung und einer hohen Schuldenquote. Ebenfalls ist das Spekulationsmotiv in diesen Ländern erheblich höher, da die Kreditvergabe oftmals auf der Annahme weiter steigender Immobilienpreise fußt. Die Robustheit des deutschen Immobilienmarktes hat sich auch in der Zeit nach der Wirtschaftskrise 2008 gezeigt. Maßgeblich dafür sind die oben genannten Unterschiede hinsichtlich des Finanzierungssystems.

Dies bedeutet jedoch nicht, dass Fehlentwicklungen am Immobilienmarkt ausgeschlossen sind. Einerseits ist der Immobiliensektor in Deutschland aufgrund eines hohen Anteils an der gesamten Wertschöpfung systemrelevant, da bei einer stark abweichenden Preisentwicklung vom langfristigen Trend erhebliche Wohlfahrtsverluste für die Volkswirtschaft entstehen können. Andererseits können die zuletzt stark gestiegen Immobilienpreise in den Metropolregionen ein Indiz sein, dass es auch auf dem deutschen Immobilien- und Finanzierungsmarkt zu einer Fehlentwicklung gekommen ist oder kommen wird. Daher wurde in der Arbeit überprüft, ob in Deutschland von einer Blasenbildung auszugehen ist.

Die Ergebnisse der empirischen Analyse zeigen, dass trotz des konservativen Finanzierungssystems die Zinsen einen zeitverzögert signifikanten Einfluss auf die Hypothekenkreditvergabe der privaten Haushalte ausüben. Die angestellten Prognosen bezüglich des Kreditvolumens an private Haushalte haben auch ergeben, dass eine anhaltende Zinserhöhung zu keinem negativen Kreditwachstum führt. Dies zeigt, dass in Deutschland der Finanzierungsmarkt durch seine Ausgestaltung sehr stabil ist. Zusätzlich haben die Marktteilnehmer durch die langen Zinsbindungsfristen die Option, sich frühzeitig an die veränderten Bedingungen anzupassen, was ebenfalls stabilisierend wirkt. Geht man davon aus, dass das Kreditvolumen ein Vorlaufindikator zukünftiger Immobilienpreise ist, kann eine permanente Beobachtung dieses Indikators Vorsorge leisten und eine fehlerhafte Entwicklung frühzeitig erkennen. Auch konnte hinsichtlich der Entwicklung des Kreditvolumens in Deutschland keine exzessive Kreditvergabe festgestellt werden, sondern es handelt sich lediglich um eine Reaktion auf die gefallenen Zinsen. Insgesamt hat die Bankenaufsicht mit der Anpassung der Kreditrichtlinien frühzeitig auf das gestiegene Kreditvolumen und die Immobilienpreise reagiert. Allerdings sollte der Gesetzgeber die Veränderung der Kreditrichtlinien nicht zu restriktiv gestalten, um die Dynamik des freien Marktes nicht zu beeinträchtigen.[105]

Die regionale Kennzahlenanalyse mit Hilfe der PRR und dem Ansatz der SNK ergab, dass die Metropolregionen in Deutschland eine starke Immobilienpreissteigerung seit der Niedrigzinsphase verzeichnen. Der Ansatz der SNK zeigt, dass die Zinsen den Preisanstieg überkompensiert haben und die Finanzierungskosten erheblich gesunken sind. Die Diskrepanz zwischen den Mietkosten und den SNK fiel in manchen Metropolregionen erheblich auseinander, sodass vor allem in diesen Regionen bei gleichbleibenden Zinsen mit weiteren Preissteigerungen gerechnet werden kann. Mit der anschließenden Prognose der SNK wurde ersichtlich, dass ein Zinsanstieg einen gegenläufigen Verlauf der SNK zeigt. Allerdings sind nicht alle Regionen der gleichen Wirkung ausgesetzt, was die Heterogenität der Teilmärkte widerspiegelt. So wurde weiter festgestellt, dass die Regionen Stuttgart und München deutlich stärker von einer möglichen Zinswende getroffen werden können als die übrigen Metropolen. Mit einem etwas geringeren Risiko folgen Hamburg und Berlin. In Berlin ist das Risiko durch das deutlich geringere absolute Kaufpreisniveau allerdings begrenzt. In den übrigen untersuchten Metropolen ist das Risiko sowohl nach dem PRR als auch dem SNK Ansatz geringer. Abschließend hat der SNK-Ansatz gezeigt, dass durch die aktuellen Rahmenbedingungen der Anstieg der PRR gerechtfertigt scheint.

Bei der Preisfindung spielen neben den Finanzierungsbedingungen auch weitere Faktoren wie die demographisch bedingte Entwicklung der Wohnraumnachfrage, Wanderungsbewegungen oder auch die wirtschaftliche Lage der Region eine erhebliche Rolle. Zudem gilt der gut funktionierende Mietmarkt in Deutschland als alternative Wohnform, sodass ein starker Immobilienpreisanstieg gedämpft wird. Auch das Angebot, welches nur sehr träge auf eine geänderte Nachfrage reagieren kann, beeinflusst die Preisfindung. Dabei spielen vor allem die Baukosten eine wesentliche Rolle, worauf der Staat durch die Steuergestaltung und durch angepasste Abschreibungsbedingungen großen Einfluss nehmen kann. Vor allem in Hinblick der zuletzt starken Unterversorgung in den Metropolregionen durch ei-

[105] Die zuletzt umgesetzte Anpassung der Kreditrichtlinie vom 11. März 2016 soll bereits erneut angepasst werden, da es hinsichtlich der Kreditvergabe insbesondere für Geringverdiender oder Rentner zu einer Fehlallokation gekommen ist.

nen hohen Nettozuwachs der Einwohnerzahl sollten entsprechende Maßnahmen zur Angebotsausweitung getroffen werden.

Insgesamt ist der deutsche Immobilienmarkt einschließlich des Finanzierungssystems im internationalen Vergleich gut aufgestellt. Auch hinsichtlich der Preisbildung gibt es bis auf wenige Ausnahmen keine Anzeichen einer Preisblase. Es bleibt abzuwarten, ob zukünftig steigende Zinsen zu fallenden oder sogar stark fallenden Immobilien- und Vermögenspreisen führen. Dennoch sind die Risiken steigender Zinsen sowohl für Kreditgeber als auch –nehmer in Deutschland durch die konservative Ausgestaltung des Finanzierungssystems begrenzt.

Literaturverzeichnis

Ball, M. (2006), Boom Remains in most European Housing Markets, in: *The Appraisal Journal,* Vol.74, No.3, S.220-225.

BBSR, Bundesinstitut für Bau-, Stadt- und Raumforschung (2015), *Forschung im Blick – Jahresbericht des BBSR im Bundesamt für Bauwesen und Raumordnung,* Bonn.

Bendel, D. und M . Voigtländer (2016), Eine Risikoprüfung für die deutsche Wohnimmobilienfinanzierung, in: *IW-Trends*, 43.Jg., Nr.4/2016, S.41-58.

Brombach, K., A. Fricke und J. Jessen (2015), Kommunale Strategien im Vergleich. Urbanes Wohnen in Stuttgart, Mannheim und Freiburg, in: Fricke, A., S., Siedentrop und P., Zakrzewski (Hrsg.): *Reurbanisierung in baden-württembergischen Stadtregionen,* Hannover, S.118-170.

Brügelmann, R., T., Clamor und M. Voigtländer (2013), Abschreibungsbedingungen für den Mietwohnungsbau, in: *IW-Trends,*40Jg.,Nr.2/2013, S.63-79.

Bundesgesetzblatt (2016), Gesetz zur Umsetzung der Wohnimmobilienkreditrichtlinie und zur Änderung handelsrechtlicher Vorschriften, *Jahrgang 2016 Teil I Nr.12.*

Case, K. und R. Shiller (2003), Is There a bubble in the Housing Market? , in: *Brookings Papers of Economic Activity*, Vol.2, Issue 2, S.299-342.

Demary, M. (2008), Die ökonomische Relevanz von Immobilienpreisschwankungen, in: *IW-Trends,* 35Jg., Nr.4/2008, S.1-14.

Demary, M. (2010), The interplay between output, inflation, interest rates and house prices: international evidence, in: *Journal of Property Research,* Vol. 27, No.1, March 2010, S.1-17.

Demary, M. und J. Matthes (2014), Das aktuelle Niedrigzinsumfeld: Ursachen, Wirkungen und Auswege, *Studie für den Gesamtverband der Deutschen Versicherungswirtschaft e.V.*, Köln 2014, S.1-96, im Internet zu finden unter: http://www.iwkoeln.de/de/studien/gutachten/beitrag/markus-demary-juergen-matthes-das-aktuelle-niedrigzinsumfeld-168565., letztes Abrufdatum 18.04.2017.

Deutsche Bundesbank (1974), Internationales Währungsentwicklung und Währungspolitik, in: *Geschäftsbericht 1974*, S.47-65.

Deutsche Bundesbank (2004), Die neue EWU-Zinsstatistik – Methodik zur Erhebung des deutschen Beitrags, in: *Monatsbericht Januar 2004,* S. 47-62.

Deutsche Bundesbank (2011), Die erweiterte MFI-Zinsstatistik: Methodik und erste Ergebnisse, in: *Monatsbericht Juni 2011,* S.49-62.

Deutsche Bundesbank (2015), Neue Instrumente für die Wohnimmobilienfinanzierung in Vorbereitung, in: *Finanzstabilitätsbericht 2015*, S.81-85.

Deutsche Bundesbank (2015b), Gegenüberstellung der Instrumentenkategorien der MFI-Zinsstatistik und der Erhebungspositionen der früheren Bundesbank-Zinsstatistik, *Zinsstatistik*, im Internet zu finden unter: https://www.bundesbank.de/Redaktion/DE/Downloads/Statistiken/Geld_Und_Kapitalmaerkte/Zinssaetze_Renditen/S510ATHYP.pdf?__blob=publicationFile, letztes Abrufdatum 18.04.2017, Frankfurt am Main.

Deutsche Bundesbank (2016a), Makroökonomisches und finanzielles Umfeld begünstigt Aufbau von Risiken, *Finanzstabilitätsbericht 2016,* S.13-31.

Deutsche Bundesbank (2016b), Entwicklungen im Bank Lending Survey seit Beginn der Finanzkrise, *Monatsbericht Juli 2016,*S.15-41.

Deutsche Bundesbank (2016c), *Bankenstatistik August 2016.*

Deutsche Bundesbank (2016d), *Monatsbericht Dezember – Statistischer Teil 2016.*

Deutsche Bundesbank (2016e), *Bankenstatistik Dezember 2016.*

Deutsche Bundesbank (2017), Die Preise für Wohnimmobilien in Deutschland im Jahr 2016, in: *Monatsbericht Februar*, S.55-57.

Deutsche Bundesbank (2017b), *Zeitreihendatenbank,* mit entsprechender Zeitreihenkennung abrufbar im Internet unter: https://www.bundesbank.de/Navigation/DE/Statistiken/Zeitreihen_Datenbanken/zeitreihen_datenbank.html , letztes Abrufdatum 18.04.2017, Frankfurt am Main.

empirica- Preisdatenbank (2016), Aktuelle Kauf- und Mietpreiszahlen von 2004-2016, Berlin.

Englund, P. und Ioannides, Y. (1997), House Price Dynamics: An International Empirical Perspective, in: *Journal of housing economics*, No.6, S. 119-136.

Elliot, G., T. Rothenberg und J. Stock (1996), Efficient test for an autoregressive unit root, in: *Econometrica,* S.813-836.

Europäische Zentralbank (2003), *Manual on MFI Interest Rate Statistics Regulation ECB/2001/18,* Oktober.

Europäische Zentralbank (2017), *Introductory statement to the press conference,* Zinsentscheid vom 9.3.2017, im Internet zu finden unter: https://www.ecb.europa.eu/press/pressconf/2017/html/is170309.en.html , letztes Abrufdatum 18.04.2017, Frankfurt am Main.

Favilukis, J., S. Ludvigson und S. Nieuwerburgh (2010), The Macroeconomic Effects of Housing Wealth, Housing Finance and Limited Risk-Sharing in General Equilibrium, *NBER Working Papers,* No.15988.

Feld, L., A. Schulten, M. Jahn und H. Simons (2017), Frühjahresgutachten Immobilienwirtschaft 2017 – Zusammenfassung, *Zentraler Immobilien Ausschuss e.V. (Hrsg.)*, S.1-15.

Finicelli, A. (2007), House Price Developments and Fundamentals in the United States, *Bank of Italy Occasional Paper,* No.7, 2007.

Girourad, N., M. Kennedy, P. Noord und C. Andre (2006), Recent House Price Developments: the Role of Fundamentals, *Economics Department Working Paper No. 475*, OECD Publishing.

Gaebe, W. (2004), Wirtschaftlicher Strukturwandel in der Region Stuttgart, in: *Zeitschrift für Wirtschaftsgeographie,* Jg.48, Heft 3-4, S.214-225.

Henger, R. und M. Voigtländer (2011), Immobilienfinanzierung nach der Finanzmarktkrise, in: *IW-Analysen*, Nr.73, Köln.

Henger, R., T. Just und M. Voigtländer (2011), Tobins q und die Bautätigkeit im deutschen Immobiliensektor, in: *IW-Trends,* 38.Jg., Nr.3/2011, S.1-15.

Henger, R., K. Pomogajko und M. Viogtländer (2012), Gibt es eine spekulative Blase am deutschen Wohnimmobilienmarkt? , in: *IW-Trends,* 39.Jg., Nr. 3/2012, S.1-15.

Himmelberg, C., C. Mayer und T. Sinai (2005), Assessing High House Prices: Bubbles, Fundamentals and Misperceptions, in: *Journal of Economic Perspectives*, Vol.19, No.4, S. 67-92.

Hiller, N. (2010), Zinspolitik ade! Wie man Immobilienpreisblasen dennoch überstehen kann, in: *Wirtschaftsdienst,* 94.Jg., Heft 10, S.748-755.

Jäger, M. und M. Voigtländer (2006), Immobilienfinanzierung, in: *IW-Analysen,* Nr.22, Köln.

Kholodilin, K., C. Michelsen und D. Ulbricht (2014), stark steigende Immobilienpreise in Deutschland – aber keine gesamtwirtschaftlich riskante Spekulationsblase, in: *DIW-Wochenbericht,* 81.Jg. Nr.47/2014, S.1231-1240.

Kivedal, K. (2013), Testing for rational bubbles in the US housing market, in: *Journal of Macroeconomics,* No. 38, S. 369-381.

Lindauer, L. (2010), *Immobilien und Steuern 1. Auflage*, Gabler-Verlag, Wiesbaden.

Mensch, S.(2015), Aktuelles aus dem Steuerrecht, in: *BWNotZ 2015,*Nr.2, S.58-64.

Niehues, J. und M. Voigtländer (2016),Wohneigentumsquote - Geringe Dynamik in der Wohneigentumsbildung, in: *IW-Kurzberichte,* Nr.22/2016.

Nietsch, H. (2011), Tobins q: Vom Analyserahmen zum praktischen Tool, in: Francke, H. und H. Rehkugler (Hrsg.): *Immobilienmärkte und Immobilienbewertung*, München, S.101-126.

Nölle, J. (2009), Grundlagen der Unternehmensbewertung, in: Schacht, U. und M. Fackler (Hrsg.): *Praxishandbuch Unternehmensbewertung 2.Auflage*, Wiesbaden, S. 11-29.

Peters, B. (2002), Das Forward-Darlehen, in: Schäfer, H. und H Lwowski (Hrsg.): *Konsequenzen wirtschaftsrechtlicher Normen,* Wiesbaden, S.100-115.

Poterba, J. (1984), Tax Subsidies to Owner-Occupied Housing: An Asset-Market Approach, in: *The Quarterly Journal of Econmics,* 99.Jg., Nr.4, S.729-752.

Rehkugler, H. und T. Rombach (2011), Preisblasen auf Wohnimmobilienmärkten, in: Francke, H. und H. Rehkugler (Hrsg.): *Immobilienmärkte und Immobilienbewertung*, München, S.161-201.

Schier, M. und M. Voigtländer (2015), Immobilienpreise: Ist die Entwicklung am deutschen Wohnungsmarkt noch fundamental gerechtfertigt?, in: *IW-Trends,* 42.Jg., Nr.1/2015, S.57-73.

Schierenbeck, H und C. Wöhe (2008), *Grundzüge der Betriebswirtschaftlehre 17. Auflage,* Oldenbourg Verlag, München.

Schlittgen, R. und B. Streitberg (2001), *Zeitreihenanalyse 9. Auflage*, Oldenbourgh Verlag, München.

Sommer, K., Sullivan, P. und Verbrugge, R. (2013), The equilibrium effect of fundamentals on house price and rents, in: *Journal of Monetary Economics,* Nr.60, S. 854-870.

Statistisches Bundesamt (2016), Ausführliche Ergebnisse zur Wirtschaftsleistung im 3.Quartal 2016, Pressemitteilung vom 24.11.2016, Wiesbaden.

Steffen, S. und O. Lerbs (2016), Mietspiegel aus ökonomischer Sicht – Vorschläge für eine Neuregulierung, in: *Perspektiven der Wirtschaftspolitik,* Band 17, Heft 4, S.347-363.

Stiglitz (1990), Symposium on bubbles, in: *The Journal of Economic Perspectives*, 4.Jg., Nr 2, S.13-18.

Tsatsaronis, K. und H. Zhu (2004), What drives housing price dynamics: cross country evidence, in: *BIS Quarterly Review, March 2004,* S.64-78.

Voigtländer, M. und B. Seipelt (2016), Implikationen für die Niedrigzinsphase für die Wohneigentumsbildung – Analyse von Wohnnutzerkosten für 402 Kreise, *IW-Köln Gutachten für die Schwäbisch Hall AG.*

von Einem, E. (2016), Der Wohnungsmarkt im Fadenkreuz deutscher und internationaler Kapitalanleger, in: von Einem, E.(Hrsg.): *Wohnen, Stadtforschung aktuell,* Wiesbaden, S.173-180.

von Flach Nitsch, A. (2015), Geldpolitik und Immobilienmärkte – Eine Analyse der Rolle der Geldpolitik für die Entstehung, Ausbreitung und Überwindung der Subprime-Krise, in: *Schriftenreihe Wirtschaftspolitik in Forschung und Praxis*, Bd. 73, Verlag Dr. Kovač, Hamburg.

Witkowski, R. , D. Ehing und B. Raffelhüschen (2015), Zur Wirkung der „Flüchtlingskrise“ auf die langfristige Wohnimmobiliennachfrage in Deutschland, *Gutachten der Forschergruppe DIADem an der Deutschen Immobilien Akademie im Auftrag des IVD*, Freiburg.

Wooldridge, J. (2013), *Introductory Econometrics,* 5th Edition, South-Western Cengage Learning.

Statistische Ämter des Bundes und der Länder (2015), Zensus 2011 - Endgültige Ergebnisse der Gebäude- und Wohnungszählung, Hannover.

Anhang

Anhang A: Empirisches Modell

Variable	N	Durchschnitt	sd	min	max	Einheiten
Δ Kredit	53	3,277	3,766	-4,293	11,607	In Mrd. Euro
Δ Zins	53	-0,068	0,185	-0,433	0,372	In Prozent
Δ Baug	53	0,06	33,47	-115,1	73,628	In Tausend
Δ Zinssp	52	-0,01	0,101	-0,204	0,381	In Prozent
Δ BestandP	53	-0,12	0,344	-0,742	1,204	In Prozent des Bruttoinlands-produkts
Δ Richtlinien	53	0,017	12,49	-33,4	20,7	Veränderung in Prozent
Δ Lohn	53	1,178	1,123	-2,419	3,395	Nettolohn in Mrd.
Δ Hpreis	53	0,494	1,569	-3,6	4,3	Preisindex Jahr 2010=100

Tabelle 4: Statistische Kennwerte des empirischen Modells.

Variable	Variablenerklärung	Quelle	Zeitreihen-kennung
Kredit	Wohnungsbaukreditvolumen an inländische wirtschaftlich unselbständige und sonstige Privatpersonen in Mrd.	Deutsche Bundesbank	BBK01.PQ3 201
Zins	Effektivzinssätze Banken in Deutschland im Neugeschäft in Prozent; besicherte und unbesicherte Wohnungsbaukredite mit anfänglicher Zinsbindung von 5-10 Jahren	Deutsche Bundesbank	BBDY1.Q.B 20.N.G600.F 1020.A
Baug	Baugenehmigungen - Anzahl der Wohnungen insgesamt(einschließlich Baumaßnahmen an bestehenden Gebäuden) in Deutschland in Tausend	Deutsche Bundesbank - auf Basis von Ursprungswerten des Statistischen Bundesamtes	BBDY1.Q.B 30.Y.G700. R0030.A
Zinssp	Zinsspread: Differenz des Zinssatzes für Wohnungsbaukredite mit anfänglicher Zinsbindung von 5-10 Jahren und einer Zinsbindung von 1-5 Jahren	Deutsche Bundesbank	BBDY1.Q.B 20.N.G600.F 1040.A
BestandP	Bestand an Wohnungsbaukrediten inländischer Banken an inländische Haushalte in Prozent des Bruttoinlandsprodukts	Deutsche Bundesbank	BBDY1.Q.B 20.N.G400.F 0210.A
Richtlinien	Veränderungen der Kreditstandarts und der Margen für Wohnungsbaukredite an private Haushalte in Deutschland in Prozent	Bank Lending Survey der Deutschen Bundesbank	BBDY1.Q.B 20.N.G500.F 0620.A
Lohn	Aggregierte Nettolöhne und -gehälter der Inländer in jeweiligen Preisen in Mrd	Deutsche Bundesbank - auf Basis von Ursprungswerten des Statistischen Bundesamtes	BBNZ1.Q.D E.S.G.0036. A
Hpreis	Häuserpreisindex des Statistischen Bundesamtes (Basisjahr: 2010=100); hedonischer Preisindex	Deutsche Bundesbank - auf Basis von Ursprungswerten des Statistischen Bundesamtes	BBDR1.Q.D E.N.DES.D HPI.H.I10.A

Tabelle 5: Variablenübersicht des empirischen Modells.
Notiz: Alle Zeitreihen quartalsweise verfügbar in der Zeitreihendatenbank der Deutschen Bundesbank (2017b).

	(1)	(2)	(3)
	Δ $Kredit_t$	Δ $Kredit_t$	Δ $Kredit_t$
Konstante	-13.345*	-12.419*	-3.406
	(7.381)	(6.151)	(7.828)
Δ $Kredit_{t-1}$	0.346***	0.427**	0.434**
	(0.117)	(0.178)	(0.162)
Δ $Zins_t$	3.866	3.861	4.011
	(2.959)	(3.055)	(2.970)
Δ $Zins_{t-1}$	-2.610	-2.891	-2.401
	(2.496)	(2.626)	(2.754)
Δ $Zins_{t-2}$	-4.417*	-4.828**	-3.822*
	(2.505)	(2.238)	(2.229)
Δ $Baug_t$	-0.035*	-0.040***	-0.033**
	(0.019)	(0.014)	(0.015)
Δ $Zinssp_t$	-10.975**	-12.302*	-13.523**
	(5.293)	(6.848)	(6.268)
Δ $Zinssp_{t-1}$	2.009	5.869	5.046
	(4.515)	(5.263)	(4.850)
Δ $Lohn_t$	-0.932**	-0.689	-0.578
	(0.388)	(0.471)	(0.449)
Zeittrend	0.081**	0.074**	0.027
	(0.039)	(0.033)	(0.042)
Δ $BestandP_t$		2.909*	3.675**
		(1.495)	(1.531)
Δ $BestandP_{t-1}$		-2.840	-2.498
		(1.829)	(1.808)
Δ $Richtlinien_t$		-0.035	-0.060
		(0.041)	(0.044)
Δ $Richtlinien_{t-1}$		0.083**	0.063
		(0.034)	(0.045)
Δ $hpreis_t$			0.515
			(0.396)
Δ $hpreis_{t-1}$			0.640*
			(0.364)
Beobachtungen	50	50	50
R-sqr.	0.448	0.588	0.616
Adj.R-sqr.	0.323	0.439	0.463
F-Test Teststatistiken:			
F-Zins	0.062	0.014	0.069
F-Spread	0.130	0.104	0.077
F-Bestand		0.018	0.024
F-Richtlinien		0.006	0.019
F-Hpreis			0.188
* $p<0.10$	** $p<0.05$	*** $p<0.01$	

Quelle: eigene Berechnung auf Basis der Deutschen Bundesbank (2015b), (2016c) und (2017b).

Tabelle 6: Wirkungsmechanismus einzelner Faktoren auf das Hypothekenkreditvolumen inklusive F-Test Statistiken.

Anhang B:

Price-Rent-Ratio-Altbau:

Jahr/Quartal	Deutschland	Hamburg	Berlin	München	Köln	Frankfurt	Stuttgart	Düsseldorf
2004 Q1	20,42	22,31	21,95	22,96	16,74	17,93	19,88	18,94
2004 Q2	20,54	22,49	21,77	22,86	17,49	18,65	19,75	18,87
2004 Q3	20,37	22,67	21,84	23,13	17,41	18,55	19,85	19,34
2004 Q4	20,19	22,34	21,66	22,94	17,28	18,51	19,80	19,58
2005 Q1	20,10	22,01	21,52	22,74	17,20	18,41	20,08	19,19
2005 Q2	20,02	22,31	21,64	22,82	17,17	18,34	19,93	19,09
2005 Q3	19,90	22,32	22,15	22,63	17,40	18,38	19,81	19,20
2005 Q4	19,88	21,87	22,15	22,11	17,38	18,50	19,96	19,08
2006 Q1	19,77	21,70	21,60	22,21	17,32	18,35	20,15	19,06
2006 Q2	19,60	21,88	20,94	22,08	17,24	18,12	19,98	19,21
2006 Q3	19,59	21,66	21,15	21,92	16,66	18,23	19,80	18,84
2006 Q4	19,47	21,60	21,00	20,96	16,91	18,61	19,61	18,83
2007 Q1	19,32	21,45	21,42	20,60	16,95	18,59	19,69	18,60
2007 Q2	19,37	21,17	22,01	20,96	17,19	17,59	19,55	18,86
2007 Q3	19,22	21,04	21,67	20,78	17,01	17,37	19,00	18,79
2007 Q4	19,07	20,31	21,69	20,75	17,49	17,83	18,88	18,35
2008 Q1	19,07	20,16	21,69	20,07	17,28	17,96	18,75	18,48
2008 Q2	18,86	20,34	21,68	20,05	17,69	17,98	18,42	19,04
2008 Q3	18,69	19,34	21,94	20,00	17,61	17,62	18,46	18,64
2008 Q4	18,56	19,25	21,96	20,29	17,37	17,76	18,69	18,29
2009 Q1	18,54	18,79	21,45	20,79	17,36	18,22	18,90	18,48
2009 Q2	18,65	19,33	21,77	20,80	17,19	18,63	18,68	18,44
2009 Q3	18,66	19,56	21,50	21,56	16,73	18,45	18,55	18,56
2009 Q4	18,49	19,58	21,05	20,17	16,75	18,57	18,55	17,98
2010 Q1	18,39	19,33	20,74	20,24	16,48	17,92	19,40	18,31
2010 Q2	18,43	19,48	20,94	20,64	15,66	18,10	19,32	17,66
2010 Q3	18,31	19,23	20,47	22,38	16,21	17,51	18,88	18,04
2010 Q4	18,50	19,56	20,68	23,20	16,38	18,73	19,01	18,34
2011 Q1	18,80	20,77	21,48	24,02	17,18	19,88	19,20	19,44
2011 Q2	18,67	20,86	20,82	22,77	17,39	19,07	19,22	19,30
2011 Q3	18,96	21,46	21,57	24,74	18,38	18,96	19,16	19,90
2011 Q4	18,99	22,15	21,78	24,80	17,81	18,88	19,44	19,36
2012 Q1	19,07	22,65	22,23	25,03	17,60	18,32	18,93	19,38
2012 Q2	19,21	22,40	22,15	25,39	18,44	17,85	19,04	19,85
2012 Q3	19,72	23,04	23,04	26,93	18,61	19,03	19,51	20,94
2012 Q4	19,77	23,09	23,14	27,07	18,68	19,16	19,65	20,93
2013 Q1	20,03	23,60	23,17	27,40	19,19	19,30	20,42	21,64
2013 Q2	19,99	23,48	22,72	27,95	19,53	19,27	19,77	21,68
2013 Q3	20,23	24,47	23,24	27,91	19,98	19,23	20,30	22,10
2013 Q4	20,31	24,52	23,09	27,97	19,49	19,20	20,80	22,92
2014 Q1	20,56	24,88	23,89	28,40	19,25	20,41	22,02	22,77
2014 Q2	20,73	25,25	24,16	29,27	20,41	21,50	22,28	23,83
2014 Q3	20,81	25,53	23,92	30,06	20,67	21,28	21,65	24,03
2014 Q4	20,94	25,70	24,47	30,07	21,28	22,03	22,54	23,66
2015 Q1	21,12	26,37	25,07	29,40	21,52	21,92	23,59	24,96
2015 Q2	21,62	27,30	26,57	30,78	22,39	22,95	24,63	25,24
2015 Q3	21,97	28,30	27,29	32,04	21,97	23,13	25,06	24,31
2015 Q4	22,33	28,49	27,60	33,70	22,56	22,59	26,53	23,97
2016 Q1	22,61	28,66	27,75	33,98	23,70	23,60	26,76	23,94
2016 Q2	22,79	29,06	28,19	34,17	24,16	24,19	28,09	24,18

Tabelle 7: Entwicklung der PRR-ETW-Altbau in den Metropolregionen. empirica-Preisdatenbank, eigene Berechnung.

Price-Rent-Ratio-Neubau:

Jahr/Quartal	Deutschland	Hamburg	Berlin	München	Köln	Frankfurt	Stuttgart	Düsseldorf
2004 Q1	25,50	25,82	24,92	27,69	22,72	20,55	24,29	22,38
2004 Q2	25,65	26,02	24,79	27,62	23,66	21,34	24,15	22,34
2004 Q3	25,48	26,24	24,85	27,94	23,59	21,25	24,27	22,82
2004 Q4	25,33	25,90	24,71	27,76	23,44	21,21	24,22	23,07
2005 Q1	25,23	25,53	24,57	27,55	23,36	21,11	24,53	22,69
2005 Q2	25,18	25,85	24,70	27,67	23,33	21,04	24,38	22,61
2005 Q3	25,04	25,84	25,17	27,45	23,60	21,08	24,25	22,72
2005 Q4	25,03	25,39	25,19	26,93	23,59	21,21	24,42	22,61
2006 Q1	24,94	25,23	24,70	27,00	23,49	21,07	24,61	22,58
2006 Q2	24,74	25,40	24,08	26,85	23,39	20,83	24,44	22,75
2006 Q3	24,73	25,20	24,29	26,68	22,70	20,95	24,26	22,36
2006 Q4	24,60	25,13	24,14	25,66	23,05	21,33	24,06	22,38
2007 Q1	24,44	24,97	24,52	25,28	23,11	21,30	24,16	22,12
2007 Q2	24,45	24,72	25,08	25,66	23,40	20,28	24,02	22,41
2007 Q3	24,29	24,60	24,76	25,45	23,17	20,04	23,39	22,31
2007 Q4	24,16	23,77	24,73	25,39	23,76	20,50	23,28	21,86
2008 Q1	24,15	23,60	24,68	24,61	23,50	20,63	23,15	21,99
2008 Q2	23,98	23,77	24,68	24,59	24,00	20,65	22,80	22,60
2008 Q3	23,81	22,75	24,91	24,45	23,88	20,29	22,81	22,17
2008 Q4	23,68	22,73	24,91	24,75	23,60	20,42	23,06	21,75
2009 Q1	23,66	22,26	24,40	25,32	23,59	20,89	23,28	21,95
2009 Q2	23,75	22,69	24,65	25,32	23,41	21,30	23,03	21,88
2009 Q3	23,77	22,85	24,32	26,08	22,74	21,31	22,79	21,48
2009 Q4	23,57	22,73	23,70	24,33	22,71	21,60	22,82	20,74
2010 Q1	23,52	22,24	23,25	24,19	22,36	21,11	23,69	21,06
2010 Q2	23,49	22,23	22,95	24,42	21,24	21,22	23,52	20,32
2010 Q3	23,26	21,83	22,11	26,12	21,88	20,62	22,93	20,55
2010 Q4	23,61	22,10	22,07	26,91	22,10	21,88	23,11	20,82
2011 Q1	23,86	23,20	22,84	27,57	22,86	23,10	23,39	21,74
2011 Q2	23,72	23,23	22,20	26,32	23,02	22,22	23,47	21,53
2011 Q3	24,03	23,84	22,42	28,46	24,51	21,96	23,58	22,35
2011 Q4	24,07	24,53	22,63	28,55	23,97	21,94	24,04	21,79
2012 Q1	24,13	25,14	23,04	28,82	23,84	21,48	23,66	21,72
2012 Q2	24,20	24,95	23,00	29,34	24,39	20,90	23,71	21,94
2012 Q3	24,51	25,40	23,52	30,38	24,51	21,88	24,24	22,79
2012 Q4	24,52	25,36	23,55	30,45	24,55	22,00	24,24	22,75
2013 Q1	24,59	25,89	23,63	30,59	24,77	22,14	24,77	23,47
2013 Q2	24,63	25,67	23,40	31,12	24,94	22,44	24,05	23,69
2013 Q3	24,85	26,46	23,73	31,09	25,20	22,75	24,55	24,29
2013 Q4	24,97	26,55	23,56	30,94	24,95	22,80	24,85	25,17
2014 Q1	25,13	26,87	24,14	31,07	24,98	23,74	25,62	25,54
2014 Q2	25,28	26,70	24,33	31,38	25,51	24,73	25,83	26,68
2014 Q3	25,44	26,58	24,23	32,16	25,74	24,88	25,70	27,57
2014 Q4	25,64	26,85	24,49	32,13	26,37	25,86	26,79	27,69
2015 Q1	25,76	27,43	24,88	31,22	26,56	25,24	27,45	28,66
2015 Q2	26,20	28,40	25,92	32,41	27,40	26,12	28,60	29,24
2015 Q3	26,53	29,31	26,34	33,36	27,06	26,17	28,83	28,90
2015 Q4	26,77	29,52	26,60	34,93	27,61	25,36	30,33	28,84
2016 Q1	26,94	29,61	26,66	35,16	28,39	25,82	30,51	29,17
2016 Q2	27,17	30,00	27,06	35,42	29,03	26,34	31,87	29,62

Tabelle 8: Entwicklung der PRR-ETW-Neubau in den Metropolregionen. empirica-Preisdatenbank, eigene Berechnung.

Fallzahlen Miete:

Jahr/Quartal	Deutschland	Hamburg	Berlin	München	Köln	Frankfurt	Stuttgart	Düsseldorf
2004 Q1	236.102	8.169	35.477	12.992	4.210	6.235	939	10.351
2004 Q2	213.663	3.915	32.307	7.962	7.614	5.570	838	8.766
2004 Q3	282.643	5.368	45.292	11.329	10.389	6.988	946	10.191
2004 Q4	297.738	5.909	44.636	13.259	10.368	7.150	1.287	10.232
2005 Q1	315.230	7.018	44.237	11.935	9.881	7.944	1.639	11.441
2005 Q2	272.345	6.077	40.809	10.051	8.074	6.466	1.449	9.649
2005 Q3	278.944	8.053	22.645	8.196	9.292	7.328	1.318	10.349
2005 Q4	395.792	8.807	40.896	14.064	11.381	10.860	2.733	12.607
2006 Q1	396.490	7.886	39.816	15.642	14.071	9.260	3.617	11.618
2006 Q2	370.471	7.186	30.011	12.055	12.591	8.447	3.180	9.770
2006 Q3	397.684	7.067	32.645	8.559	10.751	8.729	3.884	9.601
2006 Q4	420.450	6.753	34.150	11.169	11.008	8.354	3.931	11.306
2007 Q1	407.179	4.796	30.562	13.096	10.010	6.576	3.756	9.669
2007 Q2	508.782	5.272	54.231	14.562	10.722	8.719	3.805	12.762
2007 Q3	481.127	3.747	60.080	14.526	10.195	7.412	3.712	9.730
2007 Q4	527.734	11.442	62.989	13.838	9.749	8.058	4.014	8.622
2008 Q1	324.473	4.915	33.424	7.434	5.516	3.796	2.409	4.692
2008 Q2	330.565	5.631	37.152	8.197	6.041	4.152	2.421	5.147
2008 Q3	294.926	4.952	30.369	6.754	5.707	3.111	1.769	4.211
2008 Q4	325.030	4.018	31.684	7.661	6.377	4.148	2.081	5.300
2009 Q1	289.925	4.444	20.336	6.668	5.553	3.982	2.118	4.647
2009 Q2	337.628	5.241	30.145	8.605	6.980	5.114	2.500	5.660
2009 Q3	387.562	6.660	34.050	10.325	7.439	6.055	3.181	6.232
2009 Q4	324.714	5.834	25.204	8.010	7.334	4.453	2.286	5.600
2010 Q1	440.291	7.367	31.183	12.047	9.421	6.593	3.522	7.251
2010 Q2	433.529	8.477	33.630	12.160	8.968	6.992	3.964	7.390
2010 Q3	443.530	7.659	29.411	10.681	9.701	6.653	3.530	8.082
2010 Q4	437.100	7.796	28.853	10.258	9.880	6.259	3.781	7.149
2011 Q1	445.024	7.724	30.610	9.836	8.713	7.074	4.083	6.820
2011 Q2	394.641	6.331	22.621	7.791	7.923	5.361	3.407	6.411
2011 Q3	373.907	5.685	22.950	5.797	7.263	4.828	2.570	5.542
2011 Q4	377.599	6.575	22.841	5.803	6.969	5.056	2.519	5.887
2012 Q1	297.502	6.310	20.969	5.356	5.127	4.064	2.398	4.803
2012 Q2	362.905	6.372	22.030	5.082	6.582	4.829	2.387	6.050
2012 Q3	627.108	12.995	38.979	10.470	13.255	9.803	4.826	11.562
2012 Q4	425.658	8.489	26.198	6.647	8.243	6.562	2.877	7.585
2013 Q1	425.357	7.811	22.957	5.943	8.085	6.773	2.753	7.447
2013 Q2	382.863	7.714	18.952	4.259	6.857	5.586	2.035	6.253
2013 Q3	344.730	7.548	15.804	3.276	5.500	4.270	1.735	5.227
2013 Q4	337.274	7.266	15.387	3.508	4.999	4.186	1.557	5.403
2014 Q1	438.475	11.003	24.504	6.577	7.650	6.833	2.836	8.263
2014 Q2	448.623	11.487	23.751	5.808	7.541	6.240	2.680	8.102
2014 Q3	440.222	11.720	22.287	5.232	6.936	5.784	2.546	7.504
2014 Q4	390.364	10.994	20.092	4.750	5.787	5.094	2.192	6.301
2015 Q1	381.948	11.927	18.778	4.230	5.796	5.184	1.978	5.922
2015 Q2	334.602	11.231	15.742	3.560	5.413	4.822	1.639	5.428
2015 Q3	324.761	10.174	16.122	3.666	4.693	3.984	1.520	4.713
2015 Q4	340.990	10.207	17.613	4.300	4.806	4.357	1.776	4.880
2016 Q1	363.901	10.809	19.143	4.571	5.174	4.678	1.787	5.229
2016 Q2	354.183	9.905	18.309	4.562	4.812	4.427	1.855	4.847

Tabelle 9: Fallzahlen Mieten.
empirica-Preisdatenbank, eigene Darstellung.

Fallzahlen Eigentumswohnungen:

Jahr/Quartal	Deutschland	Hamburg	Berlin	München	Köln	Frankfurt	Stuttgart	Düsseldorf
2004 Q1	196.567	5.439	10.288	16.105	4.983	3.103	2.849	3.564
2004 Q2	185.758	3.457	16.444	14.379	4.568	2.934	2.492	3.072
2004 Q3	212.407	4.080	16.074	16.125	4.967	3.240	2.623	3.576
2004 Q4	223.856	4.018	15.851	16.439	5.010	3.429	2.706	3.605
2005 Q1	231.439	4.907	15.893	15.392	4.850	3.720	2.942	3.786
2005 Q2	212.277	4.639	13.778	12.299	4.681	3.112	2.620	3.647
2005 Q3	226.057	5.149	15.464	12.273	4.915	2.969	3.161	3.603
2005 Q4	327.514	5.355	15.604	22.911	7.299	4.012	4.576	4.953
2006 Q1	280.674	4.791	12.588	18.924	7.088	3.668	4.106	4.597
2006 Q2	284.736	5.371	14.921	16.532	6.626	3.422	3.916	4.092
2006 Q3	305.717	4.915	13.348	14.641	6.651	3.495	4.662	4.092
2006 Q4	349.973	5.267	15.768	21.921	7.149	4.017	6.030	5.096
2007 Q1	324.306	4.549	13.458	23.979	6.281	3.811	4.445	4.704
2007 Q2	382.370	3.901	14.685	25.903	6.647	3.763	5.812	5.015
2007 Q3	379.655	3.795	17.900	27.769	6.740	4.294	5.259	4.766
2007 Q4	444.706	10.130	21.440	29.795	7.312	5.262	6.423	4.910
2008 Q1	282.276	5.322	13.257	14.029	4.488	3.039	3.906	3.044
2008 Q2	268.505	4.763	13.545	14.337	4.750	2.938	4.031	3.057
2008 Q3	263.972	4.601	12.487	13.040	4.662	2.642	3.984	2.799
2008 Q4	260.314	3.293	12.619	12.581	5.077	3.002	3.939	2.852
2009 Q1	224.558	2.119	9.622	8.579	4.491	2.852	3.365	2.644
2009 Q2	227.901	3.721	11.724	8.871	4.048	2.796	3.020	2.397
2009 Q3	229.668	4.250	13.162	7.434	3.796	2.573	3.060	2.250
2009 Q4	240.335	4.548	15.291	10.321	4.079	2.733	3.514	2.380
2010 Q1	302.571	4.863	17.107	10.928	4.707	2.717	3.210	2.806
2010 Q2	279.737	4.568	16.755	9.161	4.330	2.660	2.672	2.678
2010 Q3	280.818	4.130	14.726	7.738	4.084	2.391	2.800	2.579
2010 Q4	287.470	4.121	16.748	7.990	4.190	2.670	2.842	2.596
2011 Q1	280.629	4.198	16.518	6.451	4.180	2.819	2.560	2.498
2011 Q2	276.466	3.935	15.305	6.827	3.754	2.371	2.515	2.193
2011 Q3	277.835	3.889	15.172	5.749	4.136	2.547	2.474	2.336
2011 Q4	270.940	4.016	16.222	5.851	3.810	2.736	2.463	2.202
2012 Q1	147.978	2.794	12.505	4.364	2.033	1.562	1.801	1.403
2012 Q2	195.150	3.366	15.672	5.369	3.046	2.074	2.132	1.997
2012 Q3	293.812	5.270	25.688	9.489	4.715	3.193	3.242	3.298
2012 Q4	224.445	3.835	20.127	6.845	3.343	2.338	2.333	2.356
2013 Q1	213.209	3.297	18.976	5.842	2.965	2.214	2.065	2.112
2013 Q2	192.889	3.110	16.698	5.198	2.656	1.976	1.686	1.889
2013 Q3	175.899	3.262	15.279	4.659	2.421	1.642	1.217	1.529
2013 Q4	180.797	3.511	16.107	4.755	2.415	1.733	1.384	1.591
2014 Q1	204.699	4.347	19.974	6.008	2.592	2.401	2.006	2.034
2014 Q2	199.462	4.490	19.850	5.832	2.620	2.265	1.914	2.059
2014 Q3	180.248	4.330	18.427	5.627	2.301	2.043	1.854	1.951
2014 Q4	171.098	4.079	17.446	5.421	2.252	1.910	1.641	1.901
2015 Q1	154.894	3.624	16.336	4.940	1.946	1.761	1.632	1.681
2015 Q2	145.728	3.624	15.639	4.605	1.869	1.610	1.557	1.645
2015 Q3	161.803	3.960	15.972	4.484	2.044	1.852	1.599	1.772
2015 Q4	173.545	4.218	17.391	4.712	2.170	1.925	1.715	1.825
2016 Q1	173.723	4.196	17.281	4.692	2.167	2.015	1.653	1.669
2016 Q2	168.391	4.022	15.727	4.373	1.994	1.938	1.448	1.623

Tabelle 10: Fallzahlen Eigentumswohnungen.
empirica-Preisdatenbank, eigene Darstellung.

Anhang C: Selbstnutzerkosten

Stadt	Wachstum pro Jahr
Hamburg	1,53%
Berlin	1,25%
München	1,40%
Köln	-0,43%
Frankfurt	1,33%
Stuttgart	0,11%
Düsseldorf	0,68%

Tabelle 11: Durchschnittlicher Wertzuwachs pro Jahr einer ETW-Altbau zwischen 2004-2010 in den Metropolregionen.
empirica-Preisdatenbank, eigene Berechnung.

	Hamburg	Berlin	München	Köln	FFM	Stuttgart	Düsseldorf
Mietkosten	8245	6960	11970	7944	9740	8815	7818
SNK	3979	3873	7248	7248	4457	7825	4895
Abweichung	51,74%	44,35%	39,45%	8,76%	54,24%	11,23%	37,39%

Tabelle 12: Abweichungen der Miet- und SNK im zweiten Quartal 2016.
empirica-Preisdatenbank, eigene Berechnung.

Graphische Darstellung der SNK nach Metropolregionen in Deutschland:

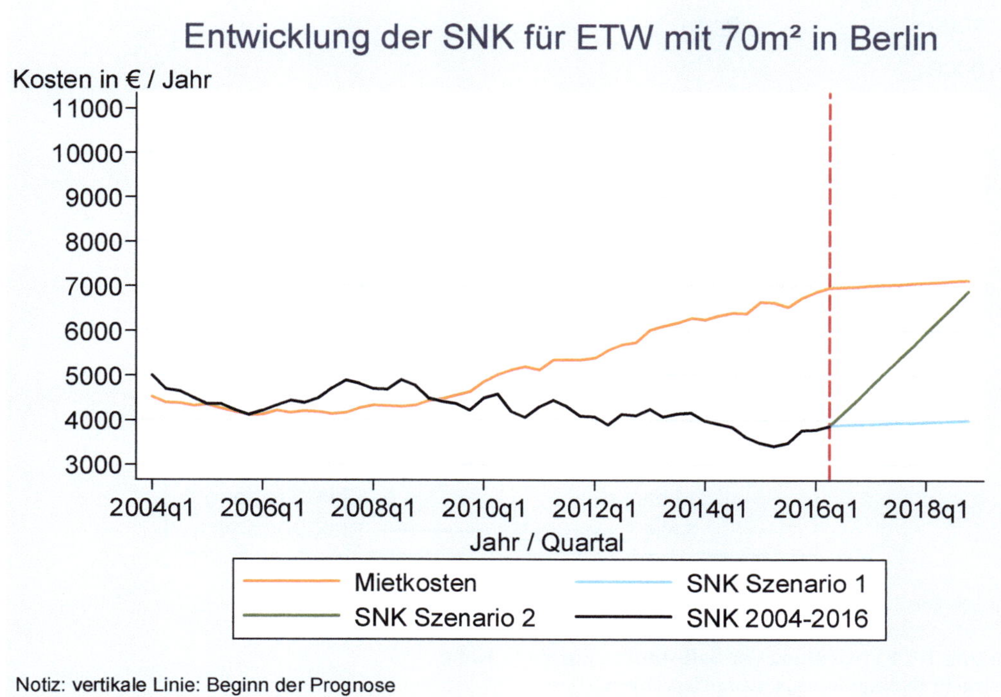

Abbildung 8: Entwicklung der Selbstnutzerkosten in Berlin. empirica-Preisdatenbank, eigene Berechnung.

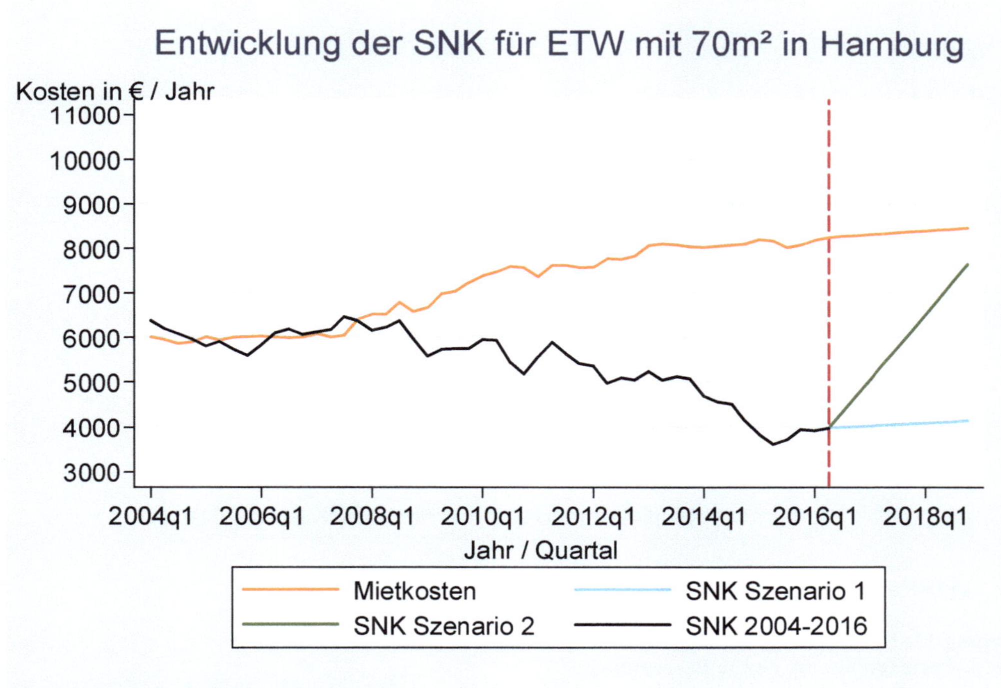

Abbildung 9: Entwicklung der Selbstnutzerkosten in Hamburg. empirica-Preisdatenbank, eigene Berechnung.

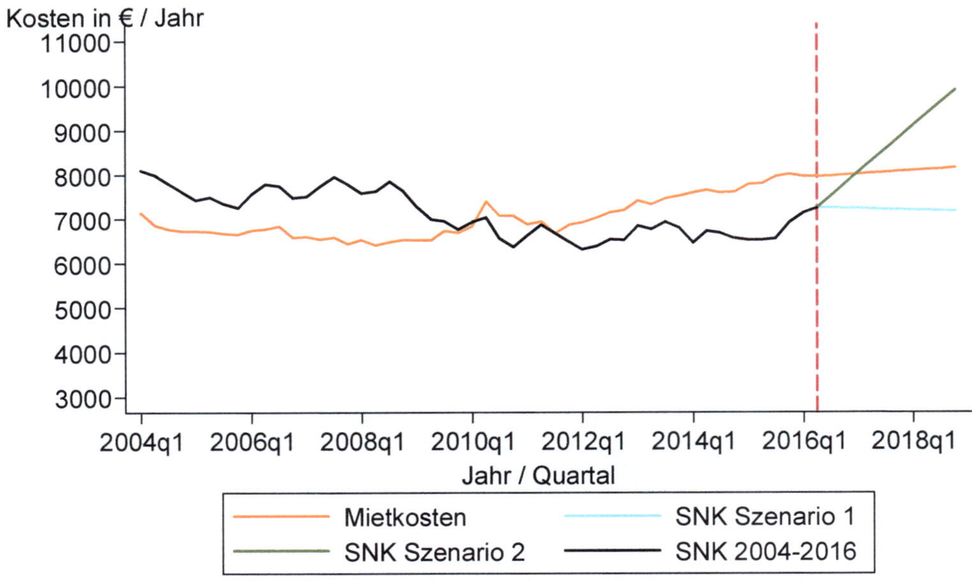

Abbildung 10: Entwicklung der Selbstnutzerkosten in Köln. empirica-Preisdatenbank, eigene Berechnung.

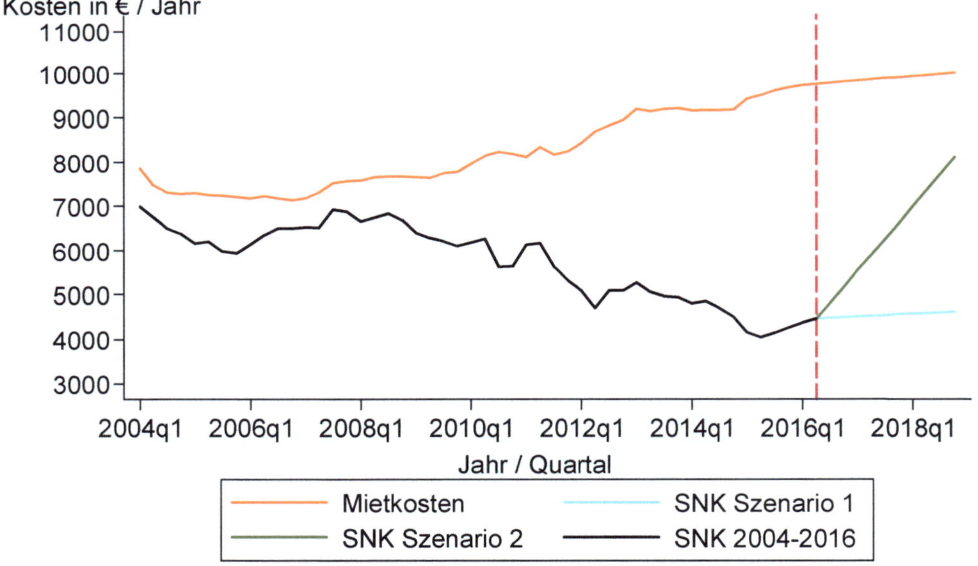

Abbildung 11: Entwicklung der Selbstnutzerkosten in Frankfurt. empirica-Preisdatenbank, eigene Berechnung.

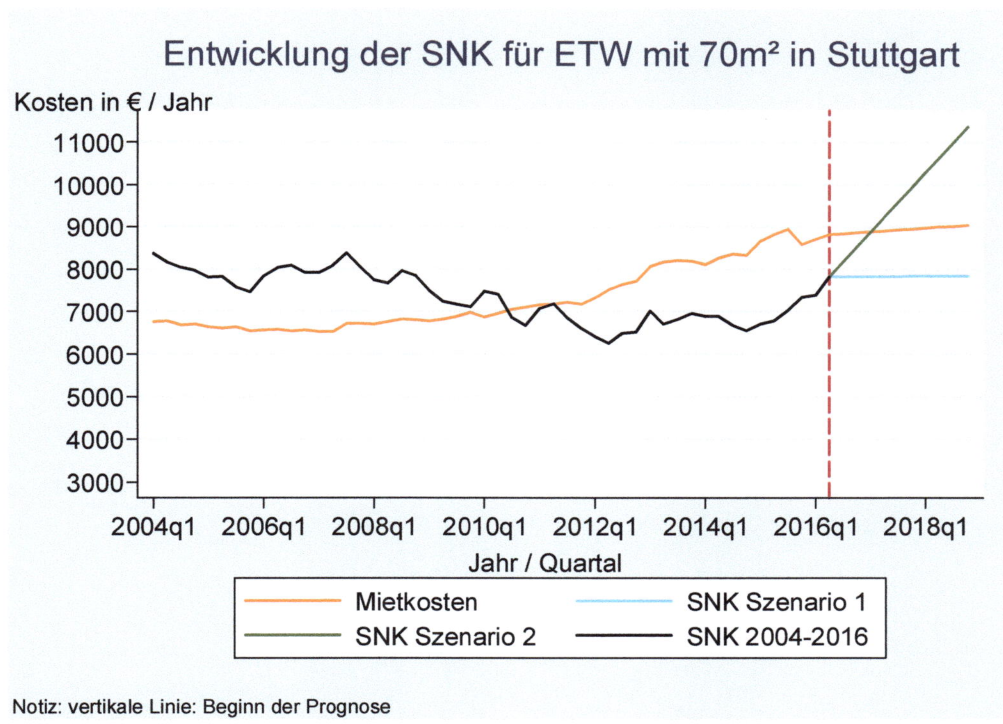

Abbildung 12: Entwicklung der Selbstnutzerkosten in Stuttgart. empirica-Preisdatenbank, eigene Berechnung.

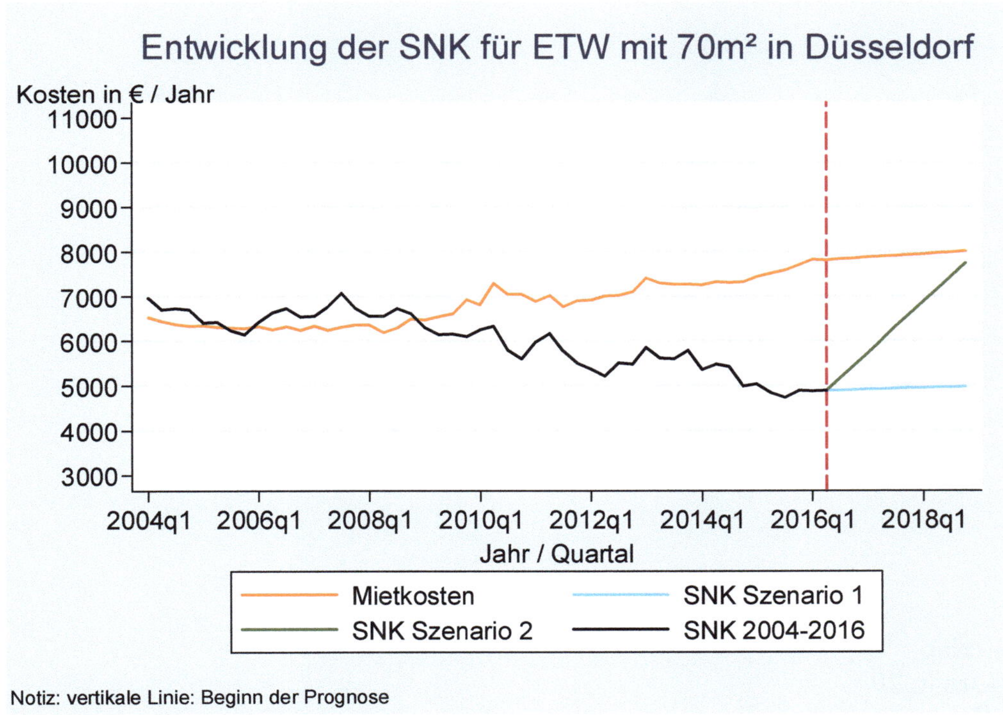

Abbildung 13: Entwicklung der Selbstnutzerkosten in Düsseldorf. empirica-Preisdatenbank, eigene Berechnung.

mykum Verlag
Auf der Bornau 29
D-56321 Brey
GERMANY